CONSTANZE WILKEN / WERNER SIEMS

Von St. Peter-Ording *bis zum* Elbstrand

66 LIEBLINGSPLÄTZE
und 11 Badestrände

CONSTANZE WILKEN / WERNER SIEMS

Von St. Peter-Ording *bis zum* Elbstrand

DIESSEITS DES MEERES

KULTUR

GMEINER

Die Textseiten teilten sich die Autoren folgendermaßen auf:
Constanze Wilken 12–13, 15, 19, 21, 23, 25, 27, 29, 31, 33, 35, 37, 39, 41, 43, 45,
47, 49, 51, 53, 55, 57, 59, 67, 69, 71, 73, 75, 77, 79, 83, 87, 89, 91, 93, 95, 99, 101,
104–105, 107, 109
Werner Siems 61, 64–65, 81, 85, 97, 112–113, 115, 117, 119, 122–123, 125, 127,
129, 131, 133, 135, 137, 139, 141, 143, 145, 147, 149, 151, 153, 155, 157, 159, 161,
163, 165, 167, 169, 171, 173, 175, 177, 179, 181, 183, 185

Bildverzeichnis:
Constanze Wilken: 10–11, 14, 18, 20, 22, 24, 26, 28, 30, 32, 34, 36, 38, 40, 42, 44,
46, 48, 50, 52, 54, 56, 58, 62–63, 66, 68, 70, 72, 74, 76, 78, 82, 86, 88, 90, 92, 94, 98,
100, 102–103, 106, 108
Werner Siems: 16–17, 60, 80, 84, 96, 110–112, 114, 116, 118, 120–121, 124, 126,
128, 130, 132, 134, 136, 138, 140, 142, 144, 146, 148, 150, 152, 156, 158, 160, 162,
164, 166, 168, 170, 172, 174, 176, 178, 180, 182, 184
Amtsarchiv Büsum: 154

Literatur:
Seite 39: Marianne Oppel »Die St. Peteraner und ihr Wald«, in: *Aus der Orts-geschichte Sankt Peter-Ording*, Heft 20, 1998, S. 189.
Seite 83: Carl Bohns, Eiderstedt, *Heimatblatt für Schule und Haus*, Oktober 1932, S. 25.

Autoren und Verlag haben alle Informationen geprüft. Gleichwohl wissen wir, dass sich Gegebenheiten im Verlauf der Zeit ändern, daher erfolgen alle Angaben ohne Gewähr. Sollten Sie Feedback haben, bitte schreiben Sie uns! Über Ihre Rückmeldung zum Buch freuen sich die Autoren und der Verlag:
lieblingsplaetze@gmeiner-verlag.de

Besuchen Sie uns im Internet:
www.gmeiner-verlag.de

© 2015 – Gmeiner-Verlag GmbH
Im Ehnried 5, 88605 Meßkirch
Telefon 07575/2095-0
info@gmeiner-verlag.de
Alle Rechte vorbehalten
1. Auflage 2015

Lektorat/Korrektorat: Claudia Reinert
Satz: Mirjam Hecht
Bildbearbeitung/Umschlaggestaltung: Alexander Somogyi
unter Verwendung eines Fotos von Svenja Rohde
Kartendesign: Alexander Somogyi
Druck: AZ Druck und Datentechnik GmbH, Kempten
Printed in Germany
ISBN 978-3-8392-1710-8

St. Peter-Ording

WEITE SANDBANK IN ORDING

FAST AM ENDE DER WELT

Liebeserklärung an ein Seebad

Wenn ich nach meinem Wohnort gefragt werde, ernte ich entweder ein seufzendes »Hast du es gut« oder ein mitleidiges »Das ist ja am Ende der Welt«. Genau, ich lebe am äußersten Ende einer Halbinsel im Norden Deutschlands. Meine amerikanischen Freunde haben ein Dorf nahe der dänischen Grenze vor Augen, also da, wo es meist regnet oder stürmt und Fuchs und Hase sich Gute Nacht sagen. Ich liebe es – den Regen, den Sturm und vor allem die Natur, die uns auf diesem herrlichen Flecken Erde noch umgibt.

Im Sommer überrennen Tausende Touristen unser Seebad, das sogar eine eigene Schwefelquelle hat. Von Beschaulichkeit ist in der Hauptsaison nichts mehr zu spüren. Dann strömen sonnenhungrige Badegäste durch den Ort, der sich herausputzt und zu unterhalten sucht: mit zahlreichen Hotels, Restaurants und Geschäften, Sportveranstaltungen an den Stränden, darunter der *Kitesurf World Cup* und die Weltmeisterschaft der Strandsegler oder den Kammermusiktagen. Dabei braucht sich »SPO«, wie es oft liebevoll genannt wird, gar nicht so ins Zeug zu legen.

12 Kilometer Sandstrand von allerfeinster Qualität umgeben die Landzunge. Der Ort schmiegt sich am Deich entlang und egal, wo man die Nase Richtung Nordsee reckt, man schaut auf den weiten weißen Sand, das Gold des Ortes. Schon 1837 versuchte ein St. Peteraner, Gäste an den Strand zu locken. Doch die Reise war ohne Eisenbahnanbindung allzu beschwerlich. Es brauchte weitere 40 Jahre, bis der Fremdenverkehr begann. Erste Hotels wurden gebaut und es bedurfte schon eines gewissen Pioniergeistes, um sich von einer nur sechswöchigen Saison Gewinn zu versprechen. Die Ortsteile St. Peter und Ording wuchsen zusammen, woran auch die Sturmfluten ihren Anteil hatten. Gemeinsam kümmerte man sich um den Küstenschutz.

Die Dünen, heute eine Attraktion, sorgten damals mit ihrem ständigen Sandflug für unfruchtbare Äcker in der Umgebung und ein kleiner Hafen versandete und musste seinen Betrieb einstellen. Aus dem Armenhaus Eiderstedts wurde erst nach 1932, mit der Anbindung an die Eisenbahn, ein florierendes Seebad. Der herrlich weite

Strand zieht seitdem die Menschen an die Küste der Halbinsel. Heute finden vor allem Erholungssuchende und Künstler hier Inspiration für ihr Schaffen. Damals gab es sogenannte Strandläufer, die nach der Flut die Sandbänke nach Strandgut absuchten. Auch Leichen fand man dort und es gab ein »Schipperhus«, in dem die Strandleichen begutachtet wurden. Wer kennt nicht die charakteristischen Pfahlbauten von St. Peter-Ordings Stränden? Der erste wurde 1911 errichtet und man nannte ihn eine »Giftbude«, weil es dort »wat gift«, etwas gibt, wie es im Plattdeutschen heißt.

Lange Zeit war SPO für seine Kinderheime bekannt. Zur Genesung oder aus Sorge vor Choleraepidemien wurden Kinder an die Nordsee verschickt. Von ehemals 50 Kinderheimen ist keines geblieben. An deren Stelle traten die Gesundheitskliniken. Ich fand die kleinen, aus den 20er-Jahren stammenden Lufthäuschen der Klinik *Goldener Schlüssel* am Deich als Kind faszinierend. Dr. Richard und Dr. Felicitas Felten eröffneten 1913 in der Badallee ein *Ärztliches Erholungshaus für Erwachsene und Kinder* und wagten sich mit der Meeresheilkunde auf neues Gebiet.

Noch heute zeichnet das Inselklima SPO aus, denn die Luft am Strand und im Wald enthält salz-, jod- und aerosolhaltige Substanzen. Allerdings wurden aus 72 Gästen im Jahr 1872 über zwei Millionen Übernachtungen nach 2000. Ab September wird es ruhiger und der Ort gewinnt seine Beschaulichkeit zurück. Im Winter trifft man manch einsamen Strandwanderer, der die unendliche Weite der Sandbänke genießt und einfach nur die Seele baumeln lässt.

Constanze Wilken

SEEBRÜCKE /// 25826 ST. PETER-ORDING ///

TROCKENEN FUSSES ZUR BADESTELLE
Seebrücke und Buhne

Unzählige Male bin ich über die Holzplanken spaziert. Wenn es warm ist, ziehe ich die Schuhe aus und spüre die Rillen der dicken Bohlen aus Lärchenholz unter den Füßen. Meist werde ich von meinen Hunden begleitet, die manchmal skeptisch durch die Ritze auf den Wattboden hinunterschauen. Aber die meisten Vierbeiner überwinden ihre Scheu, weil sie am Ende der 1.000 Meter langen Seebrücke mit der weiten Sandbank und dem Meer belohnt werden. Nicht zu vergessen der Pfahlbau, die Arche Noah, die seit vielen Jahrzehnten dort vorn den Gezeiten trotzt. Der Badstrand hat eine bewachte Badestelle und man kann am Meeressaum kilometerweit in beide Richtungen laufen.

In den 1920er-Jahren konkretisierte sich die Idee für eine Seebrücke. Damals gab es noch die Unterteilung in Herren-, Damen- und Familienbad. Die Badestellen vor dem Deich und dem von Prielen durchzogenen Vorland verlagerten sich mit den wandernden Sandbänken. Da man auch bei Flut trockenen Fußes über die Salzwiesen auf den Strand gelangen wollte, wurde 1926 eine Holzbrücke erbaut. Die heutige Brücke ruht auf Betonpfählen und hat einen geschwungenen Verlauf mit Sitzbuchten.

Untrennbar verbunden ist die Badbrücke mit der Buhne, einem dammartigen Bauwerk, das vom Deich ins Meer ragt. In erster Linie dient eine Buhne dem Küstenschutz, aber sie eignet sich auch hervorragend dafür, den Sonnenuntergang zu genießen. Auf der Buhne befindet sich ein hübscher roter Holzbau mit dem Fischrestaurant Gosch. Dort kann man draußen in Strandkörben oder drinnen an rustikalen Holztafeln sitzen. Für Hundefreunde auch hier gut zu wissen, dass Vierbeiner gern gesehen sind und überall Wassernäpfe stehen. Während der Hauptsaison finden verschiedene musikalische Events unter weißen Zelten in und um Gosch statt.

Was gibt es Schöneres, als die Sonne im Meer versinken zu sehen und das grandiose Farbspiel am Himmel zu beobachten? Man könnte dabei ein Eis essen oder …

SCHUTZSTATION WATTENMEER /// DÜNENTHERME IM BAD ///
MALEENS KNOLL 2 /// 25826 ST. PETER-ORDING ///
0 48 63 / 9 50 42 54 /// WWW.SCHUTZSTATION-WATTENMEER.DE ///

WO DER KÖNIG DER WELLEN WACHT

Dünentherme und Schutzstation Wattenmeer

Zu jeder Jahreszeit im Meerwasser zu baden, ist in SPO dank der Dünentherme möglich. Mit der herrlichen Saunalandschaft und dem Wellenbad ist die Therme ein Ort zum Entspannen und Energie Auftanken. 2012 zog die Schutzstation Wattenmeer ins Erdgeschoss der Therme und bietet neben einer Dauerausstellung ein vielfältiges Informations- und Aktionsangebot.

Die Mitarbeiter erklären den Besuchern gern, was die Station leistet. 1962 als privater Verein gegründet, hat sich der unabhängige Umweltverband zu einer wichtigen Institution entwickelt, die sich auf die Fahnen geschrieben hat, Verständnis und Faszination für das Ökosystem Wattenmeer und Nordsee zu wecken, um die Schutzbereitschaft für diese Lebensräume zu erhöhen. Entlang der gesamten Wattenmeerküste gibt es heute Stationen auf Festland und Inseln.

Ich spreche mit der Bundesfreiwilligendienstleistenden Melinda, die mir von der für morgen früh angesetzten Vogelzählung berichtet. Zweimal pro Monat werden flächendeckend an der Küste die Rast- und Brutvögel gezählt – mit Klicker (Handzähler) oder Block in der Hand. Auch die Wattbodentiere werden kartiert und der winterliche Spülsaum kontrolliert. Man spürt, dass die Liebe zur Natur die engagierten Mitarbeiter antreibt und Idealismus ist gefragt, wenn man bei Wind und Wetter ins Watt hinausmarschiert.

Das ganze Jahr über werden Watt- und Strandwanderungen sowie Fahrradtouren durch die Welt der Vögel unter fachkundiger Führung angeboten. Das Watt lebt und begeistert durch seine vielfältige Tier- und Pflanzenwelt. Taschenkrebse, Seesterne und Ohrenquallen gehören dazu und manchmal trifft man sogar einen Seehund in einem der Priele in den Salzwiesen. Ich habe einmal erlebt, wie solch ein hübscher runder Kopf neben mir aus dem Wasser tauchte und mich zwei dunkle Augen musterten – das war ein unvergesslicher Moment.

> Vor der Dünentherme steht die Skulptur *König der Wellen* von Friedrich Karl Gotsch (1900–1984), einem deutschen Expressionisten mit Wohnhaus in St. Peter-Ording.

DIE SEEBRÜCKE FÜHRT VON DER BUHNE DIREKT ZUM BADSTRAND.

ÜBER ALTE PLANKEN FÜHRT DER WEG ANS MEER

Badstrand

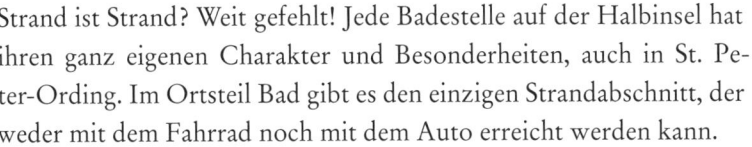

Strand ist Strand? Weit gefehlt! Jede Badestelle auf der Halbinsel hat ihren ganz eigenen Charakter und Besonderheiten, auch in St. Peter-Ording. Im Ortsteil Bad gibt es den einzigen Strandabschnitt, der weder mit dem Fahrrad noch mit dem Auto erreicht werden kann.

1.000 Schritte führen über die Holzplanken der Seebrücke direkt auf den weißen Sand, der sich hier zu beiden Seiten weithin erstreckt. Linker Hand kann man an den Dünen entlang fast bis zum Südstrand wandern. Nur beinahe, weil ein tiefer Priel die Sandbänke voneinander trennt und man die heftigen Unterströmungen nicht unterschätzen sollte. Wandert man von der Brücke geradeaus weiter, kommt man zur Badestelle mit Strandkörben und dem herrlich weichen Pudersand, der sich im Sommer aufheizt und die Hitze so manchen Barfußgänger unter den Fußsohlen zu unerwarteten Sprints beflügelt.

Die Sandbank fällt an dieser Badestelle eher flach ab und bei Ebbe kann man lange durch knietiefes Wasser waten. Selbst bei mittleren Sommertemperaturen erwärmt sich das Meer dann angenehm und lädt zum Schwimmen ein. Hunde dürfen angeleint außerhalb der offiziellen Badestelle ihren Spaß haben.

Wandert man am Meeressaum in Richtung Ording, kann man die Strandsegler und Wassersportler in Aktion beobachten und auch die Surfstation liegt auf dem Weg.

Der Badstrand ist beschaulich, eher ruhig und hat mit dem kürzlich renovierten Pfahlbau Arche Noah einen gastronomischen Anziehungspunkt gewonnen. Wenn die Abendsonne im Meer versinkt, man auf der Terrasse der Arche Noah sitzt und den Blick bis zum Horizont schweifen lässt, kann man tief durchatmen und vielleicht Pläne für einen neuen Urlaubstag schmieden. Und wer dazu keine Lust hat, der genießt die schöne Aussicht und lässt einfach einmal fünfe gerade sein …

ℐ Fußgänger und Ruhesuchende können hier fernab vom Trubel Spuren im Sand hinterlassen, ihren Gedanken nachhängen oder im flachen Wasser paddeln.

BERNSTEINMUSEUM /// DORFSTRASSE 15 ///
25826 ST. PETER-ORDING /// 0 48 63 / 56 11 ///
WWW.BERNSTEINMUSEUM.DE ///

Es gibt eine wissenschaftliche Erklärung für die Entstehung von Bernstein, dem Gold des Nordens. Fossiles Harz von Nadelbäumen der Nord- und Ostseeküste wurde während der Eiszeit durch Gletscher und Schmelzwasser auf den Meeresgrund gespült. Weitaus poetischer klingt die Legende von den Flussnymphen, die den Tod ihres Bruders Phaethon betrauerten. Phaethons weinende Schwestern, die Heliaden, verwandelten sich am Flussufer in Bäume und ihre Tränen härteten zu Bernsteintropfen aus.

Bernstein fasziniert die Menschen seit über tausend Jahren. Die Griechen entdeckten seine elektrostatische Aufladefähigkeit und auch andere schätzten ihn als Schmuckstein. Man denke an das berühmte Bernsteinzimmer, das Friedrich I. für Katharina die Große fertigen ließ.

Die erste Adresse für alle, die mehr erfahren wollen, ist das Bernsteinmuseum von Boy Jöns. Obwohl ich gebürtige St. Peteranerin bin, war mir nicht bewusst, dass zwischen unseren Sandbänken ein derart gewaltiges Bernsteinvorkommen lagert. Das liegt vor allem an der eiszeitlichen Grundmoräne, die aus Eider und Elbe bis vor unsere Sandbänke gespült wurde. Eine goldene Regel besagt, dass das Hochwasser nach der weißen Flut, also einer Sturmflut, die Bernsteinflut ist. Man wartet zwei auflaufende Wasser und die Zeit des Niedrigwassers ab, um auf den vorgelagerten Sandbänken von Ording oder Böhl im »Kaffeedick«, dem schwarzen Holzkrümelzeugs, nach dem begehrten Nordseegold zu suchen.

In einem Winter, am vierten Advent, machte Boy Jöns einen seiner aufregendsten Funde. Im Dämmerlicht eines kalten Morgens schimmerte es hellgelb im Sand – ein Würfel aus der Wikingerzeit! Vor 1000 Jahren schnitzte ein Wikinger Punkte in einen Bernsteinwürfel, der nun im Museum zu bestaunen ist. Für die ausgefallenen Schmuckstücke im Laden kauft Jöns Bernsteine von Sammlern oder Krabbenfischern ein.

✍ Boy Jöns bietet Werkstattkurse und Kinderbernsteinschleifen unter fachkundiger und interessanter Anleitung.

BACKHUS /// MARKTPLATZ /// 25826 ST. PETER-ORDING ///

FRISCHES AUS DER REGION
UND SELBSTGEMACHTES BROT

Marktplatz und Backhus

Ein Haus nur zum Backen! Allein bei dem Gedanken steigt einem der Duft von frischem Brot und Kuchen in die Nase. Und ich meine nicht die Industriedüfte, mit denen man im Supermarkt bombardiert wird. Gegenüber vom Marktplatz im Ortsteil Dorf wurde auf Initiative der *AG Orts-Chronik SPO* ein Backhaus nach historischem Vorbild erbaut.

Eine preußische Karte von 1873 zeigte nahe dem Wanlik Hüs ein kleines Backhäuschen und im Brandkataster ist ebendort ein Brand aktenkundig geworden. Da keine Abbildungen dieses Gebäudes existierten, orientierte man sich beim Entwurf an einem anderen Nachbau in Fahrentoft. Im 19. Jahrhundert und auch lange danach war Brennholz knapp und der Ofen wurde an den Backtagen, an denen die Bewohner der Umgebung mit ihrem Teig kamen, mit Schaf- und Kuhmist oder Torf geheizt. 2006 wurde das Backhus in SPO unter fachkundiger Anleitung in Betrieb genommen. Auch Bäckermeister Hans Siercks half dabei mit. Das Haus fand begeisterte Aufnahme und während des Dorffestes, das donnerstags im Juli und August stattfindet, setzt man regelmäßig den Ofen in Gang. Wer möchte, kann selbstgemachten Teig zum Backen mitbringen oder sich an den frischen Backwaren freuen.

Jeden Mittwoch ist in SPO Markttag. Das Angebot besticht durch seine Bandbreite und vor allem frisch geerntetes Gemüse und Obst aus Eiderstedt und Dithmarschen liegt dann auf den Tischen. Für die Gegend typische Fische wie Schollen und Aale wurden früher mit der Prigg gestochen – einem Holzspeer. Vor dem Marktplatz begegnet man der Skulpturengruppe Jan und Gret, einem Denkmal für Schollenfischer (er) und »Porrenstriker« (sie): Menschen, die Krabben mit der Gliep, einem Schiebenetz, fingen. Jan und Gret sind historisch belegt und sollen an die »Lütten Lüüd« erinnern, die vor dem Tourismusboom an der Küste ein bescheidenes Dasein fristeten.

  Historische Wanderungen durch St. Peter-Ording werden mit fachkundiger Führung angeboten. Treffpunkt ist am Marktplatz bei Jan und Gret.

»Nur was in Ruhe verzehrt wird, bekommt«, steht in der Karte des Dorfcafés. Der Duft von frisch gemahlenem Kaffee zieht durch den gemütlichen Gastraum. In der Vitrine drehen sich verführerische Torten, gedämpftes Gemurmel, gelegentliches Lachen oder ein Hund, der unter einem Tisch im Schlaf seufzt, schaffen Atmosphäre. Man kümmert sich aufmerksam, aber nicht aufdringlich um die Gäste und so genieße ich entspannt meinen Tee und stöbere weiter durch meine Unterlagen.

Schöne Cafés sind für mich Orte der Entspannung und der Inspiration, Inseln der Muße in unserer hektischen Zeit. Nicht von ungefähr waren schon die Kaufleute des 17. Jahrhunderts von den Kaffeehäusern des Orients fasziniert. 1673 entstand nach Venedig und London in der Hansestadt Bremen ein Kaffeehaus. Eine Tradition entwickelte sich, von Orten, an denen man sich traf, um zu diskutieren oder Geschäfte zu besprechen. Im Londoner Kaffeehaus Lloyd's wurde im 18. Jahrhundert die erste Versicherung gegründet und die Redaktion des *Spectator* saß in *Button's Coffee House*. Maler, Schriftsteller und Theaterleute tauschten in den geselligen Häusern Ideen aus, und Bohemiens revolutionierten vom Kaffeetisch aus die Kunstwelt. Wer kennt nicht die berühmten Cafés in Prag, Wien, Paris oder London, in denen teils Gemälde von Künstlern hingen, die später zu Weltruhm gelangten?

Ein wenig von dieser Tradition ist auch im Dorfcafé von Kirsten Krause zu finden. Ich darf ungestört meinen Tee trinken und schreiben, ohne gedrängt zu werden. Hektik verbreiten nur einige Touristen, die nicht schnell genug einen freien Stuhl ergattern können. In der Ruhe liegt die Kraft – oder in einer der köstlichen hausgemachten Torten. Hmm, ob ich heute Rhabarber Baiser oder Apfel Eierlikör oder doch lieber die Mascarponetorte probiere …

   ✆   Reservierungen sind möglich und besonders am Wochenende zu empfehlen. Bei Sonnenschein kann man auch auf der Terrasse in Strandkörben sitzen.

HEIMATMUSEUM /// OLSDORFER STRASSE 6 ///
25826 ST. PETER-ORDING /// 0 48 63 / 12 26 ///
WWW.MUSEUM-LANDSCHAFT-EIDERSTEDT.DE ///

KIEK MOL WEDDER IN

Museum der Landschaft Eiderstedt

Nicht nur an Regentagen bietet sich ein Besuch des Museums in St. Peter-Ording an. Das windschiefe Reetdachhaus aus dem 18. Jahrhundert steht direkt gegenüber der Kirchwarft von St. Peter. Bei einem kleinen Rundgang durch das alte Dorf kommt man an einer weißgetünchten Reetdachkate vorbei, die von einem mit Dünengras bepflanzten Friesenwall umgeben ist. Die Gaststätte mit der windgeschützten Terrasse heißt *Kiek mol in* und ein paar Schritte weiter, vis-à-vis vom Museum, befindet sich der historische Gasthof *Olsdorfer Krug*, in dem es neben gutbürgerlicher Küche auch eine traditionelle Volksbühne gibt.

Entsprechend dem Museumsnamen finden sich zahlreiche Ausstellungsstücke zur Entwicklung der Eiderstedter Landschaft. Glücklicherweise wurden nicht alle Räume modernisiert, sondern Teile der historischen Bauernstube und -küche sind erhalten und zeigen originales Inventar. Unter den vielfältigen Exponaten befindet sich die Alkoventür des Tetenbüller Staatshofes. Das barocke Portal, die Tür zur damaligen Bettstatt, war fester Bestandteil des Wohnbereiches und zeigte den Reichtum der Bewohner, denn meist verschloss nur ein Vorhang den Alkoven. Interessant ist auch die Ledermappe eines Steuerbeamten mit der Inschrift »Capsul der Landen Everschop und Utholm, Anno 1755«. Damals gab es in Eiderstedt das Amt des Pfennigmeisters, der Steuerlasteinzugs- und Rechnungsbefugnisse inne hatte – die Bezeichnung stammt aus dem Niederländischen. Wer ein solches Amt erhalten wollte, musste eine Kaution von 10.000 Mark aufbringen und 50 Hektar Grundbesitz vorweisen können. Etwa aus derselben Zeit stammt auch eine Steinschlosspistole mit Flintschloss und Ladestock, die einem Kotzenbüller gehörte, der als Leutnant beim »Fühnischen Regiment« der dänischen Armee diente.

Im Museum werden literarische und musikalische Veranstaltungen angeboten. Im Olsdorfer Krug tritt die Theatergruppe Speeldeel mit plattdeutschen Stücken auf.

DER SÜDSTRAND LIEGT IM ORTSTEIL DORF ZWISCHEN DEM BADZENTRUM UND BÖHL.

DURCH DIE SALZWIESEN
ANS MEER SPAZIEREN, RADELN ODER REITEN
Südstrand

Der Südstrand ist von den Salzwiesen geprägt, die bei Flut bis dicht an den Meeressaum reichen. Ähnlich wie am Badstrand fällt die Sandbank hier lange flach ab und wer schwimmen will, muss weit hinauswaten. Aber genau das macht den Reiz dieses Strandes aus: Das Watt zeigt sich nach jeder Ebbe und präsentiert dem interessierten Strandwanderer seine Naturschätze. Schulklassen und Gruppen treffen sich hier zu fachkundig geführten Wattwanderungen, die von der Schutzstation Wattenmeer angeboten werden. An den Salzwiesen trotzt auf meterhohen Eichenpfählen Axels Restaurant den Fluten. Der neue Inhaber hat aus der einstigen *Kajüte* mit seiner feinen Küche einen Geheimtipp unter den Strandrestaurants gemacht.

Aufgrund von tragischen Vorkommnissen der letzten Zeit möchte ich auf die Gefahren von Strömung und Prielen hinweisen. Leider vergessen ortsunkundige Wattwanderer immer wieder, sich über die Gezeiten zu informieren und werden dann vom auflaufenden Wasser überrascht. Am Südstrand kann der Priel rasch zum reißenden Strom werden und es bildet sich ein sogenannter Trecker, ein Brandungsrückstrom. Solche Trecker entwickeln Strömungsgeschwindigkeiten von bis zu fünf Knoten und sind für unerfahrene Schwimmer lebensgefährlich. Gerät man in diese Strömung, ist es sinnlos, dagegen anzukämpfen. Ratsamer ist es, sich auf das Meer hinaustreiben zu lassen, um dann an anderer Stelle ans Ufer zurückzuschwimmen.

Man erreicht den Südstrand mit Bus oder Fahrrad an der Überfahrt Süd, wo man auch seinen Wagen parken kann. Direkt hinter dem Deich befindet sich die Reitanlage Dreililien mit Reitplatz und Halle. Viele Reiter bringen ihre Pferde extra mit nach SPO, um Strandausritte zu genießen. Die kann man auch auf Mietpferden buchen, allerdings gibt es da eines, das sich gern mitten im Priel ins Wasser fallen lässt. Jedenfalls wenn es merkt, dass der Reiter ungeübt ist …

🐾   Neben dem Böhler Strand ist der Südstrand beliebt bei Pferdefreunden und Treffpunkt für Wattwanderungen der Schutzstation Wattenmeer.

KUPFERSTECHER UND HERR ÜBER RIESENWELLEN

Galerie und Atelier Schiel

Über meinem Schreibtisch hängt eine Radierung mit dem Titel *Waldweg*. Knorrige Kopfweiden säumen einen Feldweg und laden den Betrachter zum Träumen ein. Diese fast mystisch anmutende Szenerie entstammt der Hand des Künstlers Erhard Schiel.

Die weite Sandbank und die überwältigende Kraft des Meeres zieht immer wieder Künstler nach SPO, doch kaum einer hat das Bild des Ortes in den vergangenen Jahren so geprägt wie Erhard Schiel. Wer die Dünentherme besucht, passiert die Tore der Schlickaufbereitungsanlage und mag sich über die Farbenpracht wundern, die einem dort seit 2009 entgegenstrahlt. Auf speziell beschichteten Aluminium-Verbundplatten schuf der Künstler eine Panoramaansicht von SPOs Stränden. In Orange-, Gelb- und Blautönen stellt Schiel in der ihm eigenen Manier Salzwiesen, Strand und Meer dar. Die leuchtenden Farbnuancen sind ein Stilmittel des Künstlers und haben Wiedererkennungswert. In der Therme trifft man im Treppenhaus auf eine großformatig anbrandende Welle und vor dem Gebäude auf die Skulptur *Rollloo*.

Bekannt geworden ist Schiel mit Radierungen und Kupferstichen. Der Künstler entwickelte diese vielschichtigen Techniken in breitgefächerten Motivzyklen und setzt sich darin mit umweltkritischen Themen, den Eigenheiten der nordfriesischen Landschaft und deren Historie auseinander.

Mit der Familie Bernadotte von der Insel Mainau verbindet den Künstler eine lange Freundschaft, aus der internationale Ausstellungen hervorgingen. Ein Stück St. Peter, das Gefühl von der Urgewalt des Meeres oder dem Farbenrausch eines glutvollen Sommerhimmels findet sich in den meisten Werken Schiels. Jedes Mal, wenn ich durch das Treppenhaus der Dünentherme auf die *Welle* zugehe, kann ich nicht anders, als an die aufgewühlte Nordsee zu denken, wie sie bei manchem Sturm gefährlich gegen unsere Deiche tost.

✑   Ein Besuch von Galerie und Atelier Schiel in der Bövergeest 87a ist nach Anmeldung möglich. Dort kann man sich eingehend über die Radiertechnik informieren.

WANLIK HÜS /// DORFSTRASSE 27 ///
25826 ST. PETER-ORDING /// 0 48 63 / 30 30 ///

»Gibt es denn auch noch typische Friesenhäuser in St. Peter-Ording?«, fragen viele Gäste. Gibt es. Vor allem im sogenannten Dorf, dem ältesten Ortsteil von St. Peter-Ording, das im Laufe der Jahrhunderte aus drei Orten zusammenwuchs.

Auf einer Warft wurde um 1200 die Kirche St. Peter erbaut. Rings um die Kirchenwarft scharten sich anfangs wenige Häuser im Schutz eines Sommerdeiches gegen die unberechenbare Nordsee. 1553 musste der Ortsteil Süderhöft/Böhl seine Eigenständigkeit aufgeben und Ording vereinigte sich 1887 zumindest auf kirchlicher Ebene mit St. Peter. 1967 wurde auch staatsrechtlich der Zusammenschluss der drei Ortsteile unter dem Namen Bad St. Peter-Ording amtlich und die Schlüssel des heiligen Petrus zieren seither das Ortswappen.

Wenn man heute vom Marktplatz unterhalb der Kirche ins alte Dorf spaziert, kommt man durch eine Stöpe, den verschließbaren Deichdurchlass eines Innendeiches. St. Peter-Ording hat fünf solcher Stöpen, die bei Sturmfluten mit Sandsäcken, früher Stroh und Dung, verschlossen werden.

Außer dem Heimatmuseum ist eines der ältesten denkmalgeschützten Häuser des Dorfes das 1656 erbaute Restaurant Wanlik Hüs. Auf Friesisch bedeutet das in etwa »Freundliches Gasthaus«. Friesisch spricht man nicht in St. Peter-Ording, aber Plattdeutsch hört man oft – wi snackt platt. Die Räume im Wanlik Hüs sind gemütlich, was auch an den für Reetdachhäuser typischen niedrigen Decken liegt. Geboten wird vor allem eine gutbürgerliche Küche. Besonders die Fischgerichte mit einer hausgemachten Senfsoße sind bei vielen Gästen beliebt.

Abseits der Hauptstraße versteckt sich an den Dünen die Friesenstube, ein kleines Restaurant, das durch täglich wechselnde Gerichte der Saison und frische Zutaten überzeugt, zum großen Teil aus der Region. Spezielle Fischgerichte müssen vorbestellt werden, doch die Planung lohnt sich.

✐ Bei den Restaurants auf saisonale Gerichte achten und in der Friesenstube die Hummerspezialität vorbestellen.

ORDINGER WALD VON MALEENS KNOLL AUS GESEHEN

WO ES NACH KIEFERN UND DÜNENSAND DUFTET

Ordinger Kiefernwald

9

Den herrlichen Kiefernwald, der sich von Ording bis in den Ortsteil Bad erstreckt und sich mit der ursprünglichen Dünenlandschaft abwechselt, verdanken wir dem beherzten Eingreifen des dänischen Königs. Bis 1864 wurde Schleswig-Holstein von Kopenhagen aus regiert. Wenn wir heute an einem heißen Sommertag durch den Wald mit seinen riesigen Kiefern spazieren, dem Knistern der Kienäppel lauschen und den Duft von Harz, Holz und Düne wahrnehmen, vergessen wir leicht, wie viel Mühe es gekostet hat, den Wald an der windumtosten Küste anzulegen.

Dünenschutz war und ist Küstenschutz. Die Sturmfluten richteten immer wieder großen Schaden an und eine Befestigung der Dünen war lebenswichtig. Ein Deichgraf legte schon 1860 die Bepflanzung der Dünen mit Strandhafer fest. Allerdings zogen die Einheimischen die Pflanzen heimlich wieder aus dem Boden, weil sie aus den langen Wurzeln Bindfäden für ihre Reetdächer machten. Eine dänische Offizierswache sollte den Raubbau beenden.

So wie wir den Wald heute sehen, besteht er erst seit der Aufforstung in den 50er-Jahren. Der Zweite Weltkrieg verschonte auch SPO nicht. Brennholz war knapp und kostbar. In langen Nächten soll oft heimliches Sägen zu hören gewesen sein. Ab 1939 gab es militärische Anlagen in SPO und eine Tafel weist auf einen ehemaligen Beobachtungsstand hin. Heute können Erholungssuchende den Wald genießen, der sich zeigt, wie um 1900 in Broschüren beworben: »Der Aufenthalt im Tannengehölz ist sehr zu empfehlen. Der eigenthümliche Harzgeruch, die Ausströmung von Tannendüften, ist sehr gesund für die Athmung ... ist doch Gehölz auf der Düne etwas ganz Besonderes!« Wir lieben diesen Wald, der auch bei Laufsportlern gefragt ist: Jährlich findet hier der große Triathlon und Halbmarathon »Gegen den Wind« statt.

🌲 Die Legende um die Witwe Maleens Knoll findet der Spaziergänger auf einer Tafel vor dem Treppenaufgang zum Aussichtsturm.

YCSPO /// STRANDWEG /// 25826 ST. PETER-ORDING ///
0 48 63 / 82 60 (SEKRETARIAT) /// WWW.YCSPO.DE ///

WIND IN DEN SEGELN
UND SAND UNTER DEN RÄDERN
Yachtclub SPO

St. Peter-Ordings Strände gehören zu den besten Strandsegelrevieren der Welt. Wen wundert es da, dass sich hier die Wiege dieses ungewöhnlichen Sportes befindet? In den 50er-Jahren kam der St. Peteraner Otto Wieben auf die Idee, Touristen in großen Segelwagen über die Sandbänke zu kutschieren. Das Hobby der verrückten Deichbewohner sprach sich herum und 1958 begeisterten Fotos der Segelwagen auf der Brüsseler Weltausstellung die Belgier. Man tauschte sich aus und eine Legende nahm ihren Lauf. 1962 trafen sich Segler aus Frankreich, Belgien und England im Yachtclub von SPO und die FISLY, die *Fédération Internationale de Sand et Land Yachting* wurde gegründet. 2013 fand die 49. Europameisterschaft im Strandsegeln in SPO statt.

Die Faszination des Segelns auf dem Land reicht 4000 Jahre zurück. Im Grab des Pharao Amenemhet III. fand man die ältesten Reste eines Landseglers. 1584 sind auf der Chinakarte des flämischen Kartografen Abraham Ortelius Segelwagen abgebildet. Reiseberichte über chinesische Lastensegler inspirierten bald darauf den Wasserbauingenieur Simon Stevin zum Bau eines Segelwagens für Fürst Moritz von Oranien.

Boliden heutiger Hightech Strandsegler sind aus Kohlefaser und Kevlar gefertigt und bringen es bei optimalen Windverhältnissen auf 130 Stundenkilometer. SPO gilt wegen seines anspruchsvollen Reviers als Mekka dieses Sports, denn nirgendwo sonst verändert sich die harte Sandpiste so rasch. Die Gezeiten schaffen Priele, reißen tiefe Kanten oder Löcher in den Sand und stellen Reaktion und fahrtechnisches Können der Piloten auf die Probe. Unabdingbare Fähigkeit für den erfolgreichen Strandsegler sind das gefühlvolle Spiel mit dem Schot, um die Geschwindigkeit zu halten und das »Lesen« des Strandes. Ein Segelschein ist deshalb Voraussetzung, um sich dem berauschenden Fahrvergnügen auf den sandigen Pisten hingeben zu dürfen.

✍ Ein Strandspaziergang zum Yachthafen von Ording bietet sich an. Und wer mag, erkundigt sich nach Segelkursen im Clubhaus, das idyllisch in den Dünen liegt.

VOM 15. MÄRZ BIS 31.OKTOBER KANN MAN DAS AUTO
AM STRAND PARKEN. DIE ÜBERFAHRT ERREICHT MAN
ÜBER DIE STRASSE AM DEICH ODER DIE UTHOLMER STRASSE.

WWW.KITESURFWORLDCUP.DE ///

MIT DEM WIND ÜBER DIE WELLEN FLIEGEN
Ordinger Strand

»Mann, das hackt! Das wird ein gigantischer Surftag!« Die Augen meines Bruders leuchteten, wenn er beobachtete, wie sich die Kiefern an unserem Haus im Wind bogen. Dann wurden sofort nach der Schule Surfbretter, Gabelbäume, Masten und Segel auf den Fahrradanhänger geladen und es ging zum Ordinger Strand. Daran hat sich bis heute nichts geändert. Wir sind erwachsen geworden, aber wenn der richtige Wind bläst und die Wellen auf den Strand branden, kommt ein Anruf aus Hamburg: »Habe den Termin abgesagt und bin gleich da!«

Anfangs gab es am Ordinger Strand eine rustikale Surfstation, die aus einem Container auf einem der Podeste bestand. Das änderte sich mit den Jahren, alles wurde etwas komfortabler, die Ausrüstung wurde leichter, es gibt mittlerweile mehr Kite- als Windsurfer und auch die Kitebuggies haben begeisterte Fans. Die weite Sandbank macht es möglich und lässt allen Wasser- und Windsportlern genügend Raum.

Seit einigen Jahren findet der Kitesurf World Cup in SPO statt. Das Sportereignis ist der Höhepunkt der *world series* und größtes Kitesurf-Event der Welt! 130 Teilnehmer aus 25 Nationen kämpfen jeden Sommer um hohe Preisgelder in den Disziplinen Freestyle, Course Racing und Airstyle. Surferlegende Robby Naish und Kitesurffan Wladimir Klitschko geben sich regelmäßig die Ehre in SPO.

Die Begeisterung für das Windsurfen fand in der TV Serie *Gegen den Wind* mit Ralf Bauer und Hardy Krüger jr. ihren Ausdruck. Man gewöhnte sich daran, dass jeden Sommer am Ordinger Strand die Filmkameras aufgebaut wurden und konnte als Komparse beim Beachvolleyball oder auf dem Tennisplatz die Studentenkasse aufbessern.

Strand und Pfahlbauten wurden immer wieder zu Schauplätzen in TV-Filmen und Krimis wie *Die Jagd nach dem Bernsteinzimmer* oder in Detlev Bucks *Rubbeldiekatz*.

Der Kitesurf World Cup findet jährlich im Sommer für eine Woche am Ordinger Strand statt. An der Surfstation kann man Equipment leihen und Kurse buchen.

KIRCHE ST. NIKOLAI /// UTHOLMER STRASSE ///
25826 ST. PETER-ORDING ///

VON SCHUTZPATRONEN UND PHARISÄERN
St. Nikolai

Wer von der B 5 über Ording an den Deich fährt, kommt an der Kirche St. Nikolai vorbei und sollte sich kurz Zeit für einen Rundgang nehmen. Die Backsteinsaalkirche liegt auf einer Warft und verdankt ihre Existenz den unermüdlichen Anstrengungen der Ordinger im 18. Jahrhundert. Die kleinste Kirche Eiderstedts gehörte damals auch zur kleinsten Gemeinde des Herzogtums.

Im 12. Jahrhundert gab es eine Kapelle auf der heutigen Sandbank, um 1590 gefolgt von einer Kirche, die ebenfalls der Versandung durch die riesigen unbepflanzten Dünen zum Opfer fiel. Der Volksmund taufte sie »Wüste Arabiens«. 1724 waren die Dünen der Kirche erneut so nahe gekommen, dass man sich »sonntags mit Schaufeln hineinarbeiten musste«, wie Chronist Hans Nicolai Jensen 1835 vermerkt. Ein Duckdalben, drei gekreuzte Holzpfähle, zeigt heute auf der Sandbank den ehemaligen Standort der Kapelle an.

Ording bestand zu Jensens Zeit aus vier Höfen, 20 Häusern, klein und mit wenig Land, einer Schule und einem Armenhaus. 131 Menschen lebten in Ording von der Instandhaltung der Deiche für den Deich- und Sielverband sowie von der Schafzucht. Das Kirchlein wurde dem Schutzpatron der Seefahrer geweiht. Der Schreinaltar entstand um 1480, die Taufe aus Namurer Marmor um 1510.

Dass die Küstenbewohner listig und feierfreudig waren, zeigt die Geschichte um die Erfindung des Pharisäer: Angeblich gab es im 19. Jahrhundert auf Nordstrand einen besonders strengen Pastor, der den Alkohol verteufelte. Von nun an tranken die braven Friesen bei festlichen Anlässen nur noch Kaffee. Bei einer Taufe jedoch erwischte der Pastor die falsche Tasse und schmeckte den Rum im Kaffee unter der Sahnehaube. »Ihr Pharisäer!«, soll er in Anspielung auf die biblische, als Heuchler verschriene Gruppe gerufen haben. Sicher hat er geschmunzelt ...

✍ Besichtigung der Kirche mit einer Wanderung zum Ordinger Deich verbinden. Dort steht auch das ehemalige Armenhaus, ein schmales langgestrecktes Reetdachhaus.

Das hohe Schilf raschelt leise im Wind. Die einspurige Straße folgt der Biegung des Deiches, hinter dem das aufgewühlte Meer seine Wellen auf den Strand wirft. Campingplatz und Hotels liegen hinter uns. Nur das satte Grün der Weiden, knorrige, vom Westwind gebeutelte Pappeln und das Schilf schmeicheln dem Auge. Kleine weißgetünchte Reetdachhäuser schmiegen sich in den Schutz des Seedeiches, so wie vor 100 Jahren.

Eines dieser Kleinode ist die Deichgalerie. Auf den ersten Blick wird man angezogen von dem Idyll aus Friesenkate, Garten und Galeriegebäude, das sich harmonisch in die Landschaft fügt. Sibille Rehder fotografiert seit vielen Jahren aus Leidenschaft und von ihren Arbeiten geht eine beinahe meditative Ruhe aus. Hier ist jemand mit sich, der Natur und der Zeit im Reinen. Und wenn man mit der Fotografin spricht, bestätigt sich dieser Eindruck. Gern erklärt sie mir, dass sie Motive nicht sucht, sondern findet und was sie innerlich berührt. Sibille Rehder lässt sich auf die Natur ein, entlockt dem Inneren einer im Priel gefundenen Auster ein nie zuvor gesehenes Motiv. »Nach einem Sandsturm ordnen sich alle Sandkörner neu und die aufsteigende Sonne beleuchtet geschliffene Kanten«, schwärmt die Fotografin. Und das eigenwillige, geheimnisvolle Spiel von Licht und Schatten macht den Reiz ihrer Arbeiten aus.

Im Sommer öffnet sie die Tore ihrer Galerie regelmäßig für Besucher, die auch den Skulpturengarten einsehen dürfen. 200 Meter vor der Deichgalerie haben engagierte Künstler aus der Strandkorbhalle eine Sommergalerie mit wechselnden Ausstellungen gemacht. Im Winter brandet die wütende Nordsee oft gegen die Deichkrone. Es wird ruhig im Ort, und Zeit spielt keine Rolle. Die Elemente toben, die Künstlerseele jauchzt und im Sommer gibt es neue Werke zu sehen.

☞ Ein Deichspaziergang im Ortsteil Ording lässt sich mit einem Besuch bei der Fotografin verbinden, und wenn die Sicht klar ist, schaut man bis Westerhever.

NORDERDEICH /// 25826 ST. PETER-ORDING ///
WWW.NABU.DE (NACH BRANDGANS SUCHEN) ///

GÄNSEGESCHNATTER IN DEN SALZWIESEN

Winterquartier für sibirische Gäste

13

»Rrak rrak rrak«, hallt es über die Wiesen am Deich und das Geräusch leise schlagender Vogelschwingen erfüllt den Himmel. Ich stehe am Norderdeich in Ording und genieße den Anblick einer Schar von Nonnengänsen, die sich nach langer Reise hier eine wohlverdiente Pause gönnen.

Tausende von Gänsen verlassen im August ihre sibirischen Brutquartiere und überwinden bis zu 6.000 Kilometer, um in Eiderstedt zu überwintern. Die Salzwiesen bei Westerhever und in SPO gehören zu den beliebtesten Rastplätzen. 2012 wurden etwa 100.000 Meergänse gleichzeitig auf Eiderstedt gesichtet, ein Siebtel des Weltbestandes.

In den 50er-Jahren waren die Nonnengänse fast ausgestorben. Entscheidend für den heute gesicherten Bestand war ein Fangverbot in den arktischen Brutgebieten und ein eingeschränktes Jagdverbot in europäischen Brut- und Rastgebieten. Die schwarz-weißen Vögel (*Branta leucopsis*) bestechen durch ihr außergewöhnliches Federkleid, dem sie ihren Namen verdanken. Seit den 70ern brüten Nonnengänse nicht mehr nur am russischen Eismeer, sondern auch in Grönland und Schweden und schützen ihre Küken vor Raubtieren, indem sie den Brutplatz verlassen und sie in Fluchtnähe zum Meer versorgen. Weil den Tieren aber eine Salzdrüse fehlt, müssen sie weite Strecken fliegen, um Süßwasser und salzarme Nahrung zu finden.

Ab Oktober kann man das imposante Flugschauspiel beobachten. Kommt man den schwarz-weißen Vögeln näher als 50 Meter, fliegt der Schwarm auf und lässt sich 200 Meter weiter wieder nieder. Auf ihren schwarzen Füßen stolzieren die schönen Tiere anschließend über das nasse Gras und mustern uns aus klugen dunklen Augen.

Von der Klugheit der Gänse schwärmt auch der antike Historiker Livius und berichtet, wie eine Juno geweihte Gänseschar auf dem Kapitol zu schnattern begann, während Hunde und Mannschaft schliefen. Dadurch retteten sie Rom vor der Eroberung durch die Gallier.

🖋 Auf *Foie gras* und Daunenfedern verzichten und stattdessen Gänse in der Natur beobachten. Danach in der urigen Deichschänke bei einem Pharisäer aufwärmen.

DIE WELT IN SANDKÖRNERN

Atelier Frauke Petersen

14

Wer kennt nicht das wunderbare Gefühl, wenn man barfuß über den Strand laufen oder den feinen Sand durch die Finger rinnen lassen kann? Für Frauke Petersen ist Sand viel mehr als das. Die studierte Landschaftsarchitektin ist seit vielen Jahren Künstlerin aus Leidenschaft. Mir sind ihre Sandreliefs an verschiedenen Orten in SPO aufgefallen und nicht aus dem Kopf gegangen. Wer arbeitet mit Sand und warum?

Vor 15 Jahren zog Frauke Petersen aus Hamburg zurück an die See. Das weißgetünchte Reetdachhaus liegt idyllisch am Binnendeich. Hier hat sie sich ein Atelier geschaffen, in dem sie ihre Eindrücke in eindringlichen, vielschichtigen Werken verarbeitet. Der weite Strand mit seinen zahlreichen Gesichtern ist ihr fortwährende Inspiration für experimentelle Techniken. Holztafeln werden mit Natursand oder farbigem Sand überzogen und gewinnen eine ganz eigene, faszinierende Aussage. Fotografien und Sandflächen verschmelzen zu dreidimensionalen Werken, die bei jedem Hinschauen neue Details offenbaren. Sogar von ihren Reisen bringt die Künstlerin Sand mit nach Hause. Und das ist mitunter gefährlich. Von einer Reise in die südliche Mongolei nahm Petersen Wüstensand im Gepäck mit. Als auf dem Flughafen von Ulan Bator ihr Name ausgerufen wurde, ahnte sie, was der Grund war. Glücklicherweise hatte sie ein Werk-Portfolio dabei, mit dem sie die Zöllner von der harmlosen Konsistenz des Sandes überzeugen konnte.

Frauke Petersens Werke sind deutschlandweit in Galerien zu finden. In ihrem Reetdachhaus öffnet sie die Türen ihres Ateliers nach Anmeldung. Wer sich in einer ihrer gemütlichen Ferienwohnungen einquartiert, darf zum Tee kommen und wird mit interessanten Gesprächen belohnt. Die Künstlerin freut sich, dass viele Betrachter ihrer Werke später wiederkehren und berichten, dass sie »den Strand neu gesehen haben«.

✆ Telefonisch einen Termin für einen Atelierbesuch vereinbaren und sich die spannenden Sandbilder erklären lassen.

EGAN'S PUB

**DEICHGRAFENHOF /// ESING 7 ///
25881 TATING /// 0 48 63 / 95 50 60 ///
WWW.GCDEICHGRAFENHOF.DE ///**

Das sollte man sich viel öfter gönnen – einen Besuch in Egan's Pub auf dem Deichgrafenhof bei Tating. Die charmante Golfanlage sucht ihresgleichen und besticht durch die offene, herzliche Art, mit der jeder willkommen geheißen wird. Jeder – das betont Gunnar, einer der Mitbetreiber der Anlage, soll sich hier wohlfühlen. Spaß beim Golfen haben und danach bei einem zünftigen Pint Guinness oder einem Hot Toddy im urigen Pub über den letzten Bunkerschlag fachsimpeln, das macht es aus. Und das gelingt dem Team um Gunnar und natürlich Brian Egan, dem Gründer und Namensgeber des Pubs, mühelos.

Ich erinnere mich noch an die Anfänge, als Brian, der enthusiastische Ire, über die Äcker schritt und die Golfanlage vor sich entstehen sah. Und nach und nach entstand in engagierter Eigenleistung eine 9-Loch-Anlage um das alte Reetdachhaus, die sich sehen lassen kann. Heute erwartet den Besucher eine große *Driving Range*, auf der Profi Neil den perfekten Golfschwung vermittelt. Bei Nacht greift der Brite schon mal zur Gitarre und rockt mit rauchiger Stimme den Pub. Brian, aus Tullamore in Irland, ist Herz und Seele des Clubs und konzentriert sich heute auf die ständige Verbesserung des Platzes. Ich kenne wirklich viele Golfclubs, landschaftlich grandiose Anlagen in den USA oder Asien, aber der Wohlfühlfaktor im Deichgrafenhof ist schwer zu toppen.

Für mein Gespräch mit Gunnar und Mo komme ich an einem sonnigen Augusttag auf die Anlage. Gunnars Hund und ein Irish Setter dösen in der Sonne. Großartig – Hunde sind willkommen, solange sie den Bällen nicht direkt nach dem Abschlag hinterherjagen. Meinen Spaniels wird die Platzreife noch nicht zuerkannt, aber im Pub schauen sie gern mit Fußball auf der Großbildleinwand. In der Saison ist dort immer etwas los, Oldtimertreffen, Kitesurfer, Livemusik oder ein Salsakurs – *come in and have a nice time*!

⛳ Eine Runde Golf spielen und danach in Egan's Pub einkehren.

HOCHDORFER GARTEN ///
HOCHDORFER WEG 1 /// 25881 TATING ///

BAROCKES HERRENHAUS
UND SCHWEIZER GASTLICHKEIT

Hochdorfer Garten in Tating

16

Mitten auf Eiderstedt versteckt sich ein kleines Juwel barocker Gartenkunst direkt an einem Haubarg – und das Sahnehäubchen des interessanten Ensembles ist ein waschechtes Fachwerkhaus. Die Sahne gibt es dort als Beigabe zu hausgemachten Kuchen, aber alles der Reihe nach.

Üblicherweise gaben Adlige den Bau großer Gartenanlagen in Auftrag, doch 1764 nahm der Großbauer Mathias Lorenzen die Heirat seines Neffen zum Anlass, seine Vorstellungen zu verwirklichen. Ein Haubarg von enormen Ausmaßen (45 Meter lang / 23 Meter breit) und mit einer repräsentativen Ostfassade wurde errichtet. Die Fassade ist Ausgangspunkt für die Symmetrieachse, ein Lindenquartier, die als Fußweg den Garten durchzieht. Obstquartiere, Lindenrondelle und eine weiße Brücke, die einen Kanal nach holländischem Vorbild überspannt, bilden Querachsen. Im Norden und Süden wird der Garten von je zwei Alleen eingefasst.

1867 wurde vom damaligen Besitzer ein Arboretum mit eigens importierten exotischen Bäumen angelegt. Auch eine romantische Partie, ganz nach dem Vorbild englischer Landschaftsgärten, durfte nicht fehlen und wurde um 1900 in Form einer künstlichen Ruine erbaut. Die Ruine scheint der Burgruine Oybin aus einem Gemälde von Caspar David Friedrich nachempfunden zu sein. Zur selben Zeit entstand auch das Sommerhaus mit Fachwerk im damals favorisierten Schweizer Stil.

Während der Haubarg im Laufe der Jahre verkürzt wurde und in Privatbesitz blieb, wurde der Garten einer Stiftung übergeben, die ihn für die Öffentlichkeit erhält. Das Schweizerhaus, wie es heute heißt, ist mit seinen hellgrünen Fensterrahmen ein Blickfang und öffnete seine hübschen Räumlichkeiten als Galeriecafé. Der gesamte Komplex steht unter Denkmalschutz und gehört zu den Raritäten noch bestehender großbäuerlicher Gartenanlagen in Nordfriesland.

🚲 Mit dem Fahrrad von St. Peter-Ording nach Tating radeln, durch den Garten spazieren und im Café Schweizerhaus hausgemachte Kuchen probieren.

GALERIE CAFÉ MEIFORTH /// WITTENDÜNER ALLEE 84 ///
25826 ST. PETER-ORDING /// 0 48 63 / 70 32 20 ///

KUNST – KAFFEE – KUCHEN
Galerie Café Meiforth

17

Romantisch, verwunschen, idyllisch – das sind die ersten Adjektive, die mir in den Sinn kommen, wenn ich an das Café im alten Hauburg denke. Am Ortsausgang von St. Peter-Ording verbirgt sich unter den ausladenden Kronen alter Birken und Ulmen ein reetgedeckter Hauburg. Die eisernen Ziffern auf dem Scheunentor erzählen von 1696 als Gründungsjahr.

Viele Jahrhunderte wurde der Bauernhof von der Familie Richardsen betrieben. Mitte der 1950er-Jahre verliebte sich der Künstler Hubert Meiforth (1913–1995) in das prächtige Anwesen und richtete dort sein Atelier ein. Noch heute schmücken die spätimpressionistischen Gemälde des Künstlers die Innenräume des Galeriecafés.

Ich besuche den Hof an einem warmen Sommertag, kurz bevor der Kaffeebetrieb richtig losgeht. Noch kann ich in aller Ruhe durch den Bauerngarten streifen und bemerke den Duft von Zimt und Gebackenem. Schon kommt auch Ulrike Meiforth durch eine der historischen Klöntüren und begrüßt mich herzlich. Ich kenne den Hof vor allem von Ausstellungen, die Ulrike Meiforth organisiert. Unter anderem wurden dort Werke von Ludger Große Wilde, Horst Janssen und Jean Philippe Cluzeau gezeigt. Die Liebe zur Kunst steht im Vordergrund, aber um Kunst genießen zu können, muss man sich ihr nähern. »Ich wollte die Hemmschwelle, die viele Menschen von einem Galeriebesuch fernhält, abbauen«, erzählt Ulrike Meiforth, »Kunst schauen und Selbstgebackenes genießen, das war meine Idee.«

Die Kuchen nach alten Rezepten aus Eigenherstellung sind zum Selbstläufer geworden. Besonders beliebt ist die »Qualle auf Sand«. Unter einem Klacks frischer Sahne findet man Früchte der Saison auf einer leichten Creme und darunter gebrochenen Buttermürbeteig.

Wenn es draußen ungemütlich wird, laden die verwinkelten Innenräume mit florentinischen Kacheln und bäuerlichem Dekor zum Bleiben ein.

☞ 1997 war der idyllische Richardshof Schauplatz für die Fernsehserie *Gegen den Wind* und hieß dort »Haus Godewind«.

WENN MAN AUF DEM DEICH VOM ORTSTEIL BAD
NACH SÜDEN LÄUFT, ERREICHT MAN DEN BÖHLER LEUCHTTURM.

BÖHLER LEUCHTTURM /// 25826 ST. PETER-ORDING ///

LEBENSRETTER FÜR
VERIRRTE STRANDWANDERER

Böhler Leuchtturm

Weithin sichtbar und doch unscheinbar schmiegt sich der dunkle Ziegelturm in die Kurve des Deiches. Mancher Wanderer wird überrascht gewesen sein, wenn er in der Dämmerung durch die Böhler Heide lief und plötzlich von einem Lichtstrahl erfasst wurde, der vom Deich weit über das Meer hinausstrahlte.

18,4 Meter ist der Leuchtturm hoch, der 1892 als Quermarkenfeuer erbaut wurde. Zu einer Zeit, als der Gütertransport auf dem Wasser immer wichtiger wurde, vergrößerte man in Europa das Netz an Leuchttürmen. Das Orientierungsfeuer in Böhl markiert das Eiderfahrwasser und dient den Seeleuten zur Bestimmung ihrer Position. Anfangs war der Leuchtturm nur ein Tagessichtzeichen. Die Laterne, die eine Reichweite von 16 Seemeilen hat, wurde 1914 auf dem runden Ziegelturm angebracht und gibt nun auch nachts Signal.

Der Böhler Strand ist ein beliebtes Revier für Bernsteinsammler und manch einer hat sich schon bei Nebel auf den vorgelagerten Sandbänken verbiestert. In den 1970er-Jahren, ohne Handy und Kompass, war auch ein St. Peteraner an einem kalten Novembermorgen mit seinem Hund weit draußen auf den Sandbänken in Böhl unterwegs. Ein kalter Wind trieb plötzlich dicke Nebelschwaden von der See über den Sand und die Flut setzte ein. Mit den Gedanken bei seinem Hund und den Blick auf den Spülsaum gerichtet, in dem sich der Bernstein versteckt, hatte er nicht auf die Gezeiten geachtet und war plötzlich vom Seenebel umhüllt. Das Wasser stieg unaufhörlich und während er glaubte, sich auf den Deich zuzubewegen, stand er bald bis zu den Knien in der kalten See. Der Hund hatte sich an seine Fersen geheftet und der St. Peteraner gestand später, dass er noch nie Angst im Meer gehabt hätte – bis zu jenem Tag. Es waren Stunden vergangen, bis plötzlich das Leuchtfeuer von Böhl ansprang und Mann und Hund den Weg ans rettende Ufer zeigte.

Mit dem Rad oder zu Fuß kommt man auf dem Deich nach Böhl. Der Golfplatz liegt hinter dem Leuchtturm, der Pfahlbau Seekiste am Böhler Strand.

SALZWIESEN /// ORTSTEIL BAD /// 25826 ST. PETER-ORDING ///

PARADIES VOR DEM DEICH
Salzwiesen

19

Eine Möwe kreist über mir, schreit und lässt sich im Priel nieder, um watschelnd nach Krebsen zu suchen. Der Tisch ist reich gedeckt und sogar auf den Trampelpfaden durch die Salzwiesen findet man immer wieder Krebse, die von der Flut angespült wurden. Tief atme ich die klare, salzige Luft ein und spaziere durch dieses naturbelassene Paradies. Es gluckert leise um mich her und der warme Schlickboden fühlt sich weich unter meinen nackten Fußsohlen an.

Die Salzwiesen, auch Vorland genannt, sind die Kampfzone zwischen Meer und Land. Dort verfestigen dichte Rasen von Mikroalgen die Schlickpartikel und oberhalb der Flutlinie kann sich die erste geschlossene Vegetationsdecke bilden, in der sich salztolerante Arten, wie Strandaster oder Strandsode ansiedeln. Ursprünglich Salzsode genannt, erkämpft sich die einjährige Pflanze mit den dickfleischigen Blättern von Mai bis September ihren Lebensraum. Sie wächst auf kahlem Schlick und nimmt so viel Salz auf, bis sie schließlich an einer Salzvergiftung stirbt und nur als Samen überlebt. Durch Trocknen und Verbrennen wurde früher Soda zum Wäschewaschen aus der Pflanze gewonnen.

Nähert man sich dem Deich, weichen die salztoleranten Arten einer Vielzahl von Blütenpflanzen, wie der Lücken-Segge, dem Salz-Rotschwingel oder dem Nordsee-Enzian, besser als Tausendgüldenkraut bekannt. Vor mehr als 20 Jahren fand man sogar noch die kleinste Orchidee Schleswig-Holsteins im Vorland des Ortsteils Bad. Wer aufmerksam durch den schmalen Dünengürtel vor den Prielen geht, entdeckt Kaninchenbauten, manchmal erweitert sich ein Fuchs einen solchen Bau und auch Brandgänse brüten hier. Und in der Morgen- oder Abenddämmerung kann man oft Rehe beobachten, die durch das hohe Schilfgras streifen.

☙ Salzwiesen ziehen sich von der Eidermündung bis zu den Außendünen vor dem Tümlauer Koog um die Spitze der Halbinsel Eiderstedt und sind teilweise beweidet.

DURCHS WATT IM TRAB
Reiten am Meer

20

»Nun blasen die großen Winde von See herein; nun fluten die salzigen Wogen auf See hinaus; nun spielen die wilden weißen Pferde in der Gischt, tobend, sich beißend, die Köpfe hochwerfend.« Matthew Arnolds (1822–1888) poetische Beobachtungen mögen manchem in den Sinn kommen, der Reiter am Strand von SPO entlanggaloppieren sieht. Der kilometerlange Sandstrand zieht viele Pferdefreunde auf die Halbinsel. Am Meeressaum entlangzureiten, ist für Pferd und Reiter ein gleichermaßen unvergessliches Erlebnis: Sand und Wasser unter fliegenden Hufen spritzen zu lassen, wenn man der Freiheit entgegengaloppiert.

Von Nordfriesland bis hinunter nach Dithmarschen erstreckt sich ein über 1.200 Kilometer langes Netzwerk aus Reitwegen. Man kann an den Deichen ebenso entlangreiten wie hoch zu Ross die Idylle der Flusslandschaft von Eider-Treene-Sorge genießen. Nicht selten sieht man in den Kögen ein Pferd, das vor einer Gaststätte auf seinen durstigen Reiter wartet.

In den vergangenen Jahren haben sich zahlreiche Pferdeliebhaber auf Eiderstedt niedergelassen und es lohnt, sich kundig zu machen, wo man zum Beispiel die mächtigen Friesen- oder Islandpferde besuchen kann. Besonders »Isi-Fans« werden ihre Freude an vielen liebevoll geführten Höfen haben, die sich ganz dieser wundervollen kleinen Rasse verschrieben haben. Richtig kennengelernt habe ich die Isis durch den Maler Groß-Freytag, der sein Atelier Rungholt ganz ins Zeichen dieser nordischen Pferderasse gestellt hat.

In und um SPO gibt es Reiterhöfe mit Stellplätzen für das eigene Pferd oder Mietpferde, wenn man sich spontan vor Ort für einen Strandausritt entscheidet. Spezielle Angebote machen es sogar möglich, das Pferd in den Urlaub zu schicken – auf hochwertigen nordfriesischen Grasweiden wo es, genau wie der Mensch, eine Atemkur im Reizklima der Nordseeküste machen kann.

Ein unvergessliches Erlebnis ist ein Ausritt am Strand von St. Peter-Ording. Reiten an der Nordsee: www.sh-tourismus.de/de/reiten-an-der-nordsee

TYPISCHE EIDERSTEDTER LANDSCHAFT

EIDERSTEDT

DEUS MARE, FRISO LITORA FECIT

Die grüne Halbinsel in der Nordsee

Gott schuf das Meer, der Friese schuf die Küste – und das war ein hartes Stück Arbeit. Die Halbinsel Eiderstedt ist auf drei Seiten von Wasser umgeben und wuchs aus den Inseln Hafrae (Westerhever), Holm (Utholm) und Everschop (Eiderstedt) zusammen. Noch 1187 sprach Papst Innozenz III. von den Inseln als drei Schiffen bei der Eider – *tres navigiis iuxta Eidorem* – und drei Segelschiffe zieren bis heute das Eiderstedter Wappen.

Die ersten Siedler lebten auf Warften, bauten Ring- und Sommerdeiche von drei Metern Höhe, bis man sichere Deiche entwickelte, mit denen sich das neugewonnene Land der Köge schützen ließ. Zu den ältesten Kögen gehören der im 12. Jahrhundert erbaute Johanniskoog und der Tetenbüller Kirchenkoog.

Bis zur Groten Mandränke vom Januar 1362 war die Haupterwerbsquelle der Friesen der Vieh- und Salzhandel. Die verheerende Sturmflut grub sich tief in das Gedächtnis der Menschen ein. Durch eine vorausgegangene Pestepidemie war die Bevölkerung geschwächt und nicht in der Lage gewesen, die Deiche zu unterhalten. Auch die Zerstörung des legendären Handelsortes Rungholt wird dieser Sturmflut zugeschrieben, zahlreiche Kirchen gingen verloren und weite Landstriche wurden auseinandergerissen. Eiderstedt erholte sich wirtschaftlich nur langsam von der Katastrophe, wurde zusätzlich von Fehden mit den Dithmarschern gebeutelt und während des Dreißigjährigen Krieges von der Burchardiflut verwüstet.

Dieser zweiten Groten Mandränke vom Oktober 1634 fielen 15.000 Menschen und 50.000 Stück Vieh zum Opfer. Bei über 100 Deichbrüchen konnte das Wasser Tausende Häuser, Mühlen und Kirchen zerstören. Die Insel Strand wurde in das heutige Nordstrand, Pellworm und die Halligen Südfall und Nordstrandischmoor zerrissen. Während der Sturmflut vertiefte sich der Heverstrom, der große Gezeitenstrom, der das nordfriesische Wattenmeer durchläuft und bis heute die Inselsockel von Pellworm und Nordstrand angreift.

Im 18. Jahrhundert ging es wirtschaftlich bergauf. Milchwirtschaft, Weidemast und Ackerbau mit Raps, Weizen, Bohnen und Kohl florierten, sodass während der Erntezeit sogar Fremdarbeiter aus Pommern benötigt wurden. Doch erst im 19. Jahrhundert kamen viele Viehbauern durch die Weidemast von Shorthorn-Rindern zu Wohlstand. Das Vieh wurde über die Häfen von Tönning und Husum nach England und auf dem Schienenweg nach Süddeutschland exportiert. Der Husumer Viehmarkt gehörte bis in die 1960er-Jahre zu den größten Tiermärkten Deutschlands.

Aus Gründen der Entwässerung ist die Eiderstedter Landschaft von Gräben durchzogen oder lokal ausgedrückt: die Fennen sind gegrüppelt, damit das Wasser schneller abläuft. Auf den breiten tiefen Sielzügen, die das Wasser in Nordsee und Eider leiten, wurden früher Waren transportiert. Heute sind es Angelreviere mit Aalen und Weißfischen.

Die Trinkwasserversorgung war ein Problem, dessen Lösung bis 1960 brauchte, als das Wasser von der Geest herbeigeführt wurde. Bis dahin war man auf die Kuhlen in den Fennen angewiesen, Graften um größere Warften, Tauteiche, Wehlen, also alte Deichbruchstellen, die sich über Jahre mit Süßwasser gefüllt hatten, und Brunnen, oft mit schlechtem oder aber schwefelhaltigem Wasser, wie in St. Peter.

Landwirtschaft prägt Eiderstedt bis heute. Die Schafzucht hat wieder zugenommen und leider auch die industrielle Massentierhaltung bei Rindern und Hühnern. Für Biogasanlagen wird fruchtbarer Ackerboden durch Maisanbau ausgebeutet und Pestizide erschweren den Imkern und ihren Bienen das Leben. Tourismus bestimmt die Wirtschaft und damit wir alle noch lange unsere wundervolle grüne Halbinsel genießen können, ist Achtsamkeit gefragt. Es gibt viele Höfe, die sich auf biologische Landwirtschaft spezialisiert haben und es lohnt sich, dort nach frischen Produkten zu fragen.

»Wo kommt man denn hier zum Hafen?«, wird man in St. Peter-Ording oft von Touristen gefragt. Nur acht Kilometer entfernt gibt es in der Tümlauer Bucht einen Yachthafen, den man bei einer Deichwanderung oder auf dem Rad erreichen kann. Von der idyllischen Bucht blickt man auf den Leuchtturm von Westerheversand.

Landschaftlich ein echter Lieblingsplatz, fällt das Entstehungsjahr des Hafens mit dem des Tümlauer Koogs zusammen und ist eng mit einem der dunkelsten Kapitel deutscher Geschichte verbunden. In den Anfangsjahren des Dritten Reiches erlebte die Landgewinnung im Programm von »Blut und Boden« großen Aufschwung. Die jahrhundertealte Tradition der Landgewinnung wurde ideologisch ausgeschlachtet. Das Land mehrerer Köge wurde in dieser Zeit dem Meer abgerungen und eingedeicht.

Der Tümlauer Koog hieß damals Hermann-Göring-Koog. Der Norderheverkoog war der Horst-Wessel-Koog, der heutige Dieksanderkoog der damalige Adolf-Hitler-Koog und alle Köge galten als nationalsozialistische Musterbeispiele. Die Siedler wurden nach nationalsozialistischen Kriterien handverlesen. Die Musterköge und ihre Bewohner beeindruckten in den 30er-Jahren ausländische Besucher und sollten Zeugnis vom friedlichen Aufbauwillen Nazideutschlands geben. Hermann Göring selbst weihte den Koog 1935 ein. In jedem der Köge wurde zu diesem Anlass eine Glocke aufgehängt, die vor Gefahren warnen und die Geburt eines neuen Mustersiedlers verkünden sollte. Ein missverständlicher Ausstellungstext zu der mit Runen, Hakenkreuz und Göring-Widmung versehenen Glocke als Teil einer Gedenkstätte führte zum Eklat.

Heute ist der Koog Feriengebiet und eine Neugestaltung der Gedenkstätte wird diskutiert. Doch wie der spanische Schriftsteller George Santayana (1863–1952) treffend feststellt, wird sich die Vergangenheit wiederholen, wenn man sich nicht länger an sie erinnert.

   Der Tümlauer Koog ist ein schönes Ziel für Radler, die gern am Deich entlangfahren.

MARIES PRALINERIE /// MEDEHOP 14 /// 25881 TATING ///
01 72 / 1 85 22 89 /// WWW.MARIES-PRALINERIE.DE ///

FÜR NASCHKATZEN

Maries Pralinerie stand in geschwungenen Lettern auf einem creme-
farbenen Verkaufswagen, den ich auf dem St. Peteraner Wochenmarkt entdeckte. Handgefertigte Pralinen und Trüffel gab es in zahlreichen Variationen zu sehen und zu kosten. »Wir wollen ja nicht,
dass Sie die Katze im Sack kaufen«, hieß es freundlich und mir wurde
ein Stück Ingwerpraline zum Probieren gereicht. Meine Neugier war
geweckt. Wer stellt hier auf Eiderstedt handgefertigte frische Pralinen
her? Also fuhr ich zur Schokoladenquelle, die hinter Tating in einem
kleinen Reetdachhaus sprudelt.

Marie, die Namensgeberin der Pralinerie, arbeitete einige Jahre
in Wien, wo sie an einer Fachschule ihr Diplom für Patisserie machte.
Mit ihrem Partner, der ebenfalls in Wien arbeitete, zog es sie zurück
in die nordfriesische Heimat. Die Leidenschaft für süße Schokokrea-
tionen nahmen sie mit und wagten den Schritt in die Selbstständigkeit.
Das Reetdachhaus auf der Warft in Medehop stellt heute einen Anziehungspunkt für Touristen und Einheimische dar. Wer vorbeischaut,
wird mit einer großen Auswahl an fantasievollen Schokoladenvariati-
onen belohnt. Vor allem darf man alles probieren!

Ich fing noch einmal mit der Ingwerzartbitterpraline an, deren
intensiver Geschmack vom Ingweröl herrührt. Sanddorn, ein für diese Region typisches Gewächs, gab einem hellorangefarbenen Trüffel
die charakteristische Farbe. Grundlage der Trüffel sind die belgische
Callebaut-Kuvertüre, Sahne, Butter und die speziellen Geschmacks-
träger, wurde mir erklärt. Der Holundertrüffel sah ebenfalls verfüh-
rerisch aus, genau wie eine Kreation mit Chili und Meersalz. Das
Angebot der Pralinerie erstreckt sich von Kursen zur Pralinenher-
stellung über Torten aller Art bis zu ausgefallenen Wünschen, wie
Bilderrahmen aus Schokolade. Der Zuckerdrucker prägt sogar das
Bildmotiv in Lebensmittelfarbe.

🐾 Für Naschkatzen ist die Amarettoschokolade zu empfehlen,
Zartbitterfans kommen bei Chili- oder Ingwerkreationen auf
ihre Kosten.

DE KOHSTALL /// ST. JOHANNISKOOG RING 14 ///
25836 POPPENBÜLL /// 0 48 62 / 10 28 40 ///
WWW.DE-KOHSTALL.DE ///

WO DIE SEEROSEN BLÜHEN
Poppenbüll – De Kohstall

Rustikal wie der Name ist auch das Restaurant, das sich dahinter im idyllischen Poppenbüll verbirgt, in einem der ältesten Köge Eiderstedts. Aber der Ausflug lohnt sich. Selbst für einen eingefleischten Vegetarier wie mich, denn *De Kohstall* wartet mit einem reichen Angebot an hausgemachten Kuchen auf. Außerdem gibt es einen großen Seerosenteich inmitten einer gepflegten Gartenanlage. Seit 1796 ist der Seerosenhof im Besitz der Familie Bohns. Dietrich und Dörte Bohns führen das Restaurant heute in der fünften Generation. Bis 1885 wurde eine Schmiede betrieben, die man durch Milchviehhaltung ersetzte. Urgroßvater Carl Bohns hatte eine besondere Liebe zur Botanik und ließ in den 20er-Jahren einen Steingarten anlegen, in dem Porzellanschilder jede Pflanze benannten. Der große Seerosenteich wurde in Handarbeit ausgehoben und von Ende Mai bis September lässt sich die Blütenpracht bestaunen. Auch das botanische Büchlein *Von Pflanzen Eiderstedts* verfasste der Naturliebhaber: »Wenn der Sturm die grauen Wassermassen der Nordsee gegen die Deiche treibt, wenn im Winter das Eis sich Scholle über Scholle schiebt, wird kaum jemand daran denken, daß dort kleine, schwache Pflanzen gedeihen ...«

Das Restaurant ist ganzjährig geöffnet und bei Schnee und Eis freut sich mancher auf das Friesenbuffet. Da werden die typischen Eiderstedter Mehlbeutel mit Kassler und Kirschsoße, Labskaus mit Spiegelei und Roter Bete oder Matjesfilet gereicht. Für mich wären das Apfelkuchenbuffet oder das Buffet der tiefen Teller, der Suppen, interessanter. Man spürt, dass hier mit Herz gekocht und gebacken wird. Zutaten bezieht das Restaurant fast ausschließlich von hiesigen Landwirten, den Fisch aus der Alten Fischereigenossenschaft in Tönning.

🍴 Während der Hauptsaison wird donnerstags ab 18.00 Uhr das Friesenbuffet mit Eiderstedter Spezialitäten angeboten.

FRIESISCHE SCHAFSKÄSEREI /// KIRCHDEICH 8 ///
25882 TETENBÜLL /// 0 48 62 / 3 48 ///
WWW.FRIESISCHE-SCHAFSKAESEREI.DE ///

Fast wäre ich an dem kleinen Hinweisschild hinter Tetenbüll vorbeigefahren. Das dichte Grün der Heckenrosen, hohes Schilfgras in den Gräben und riesige alte Linden, Eschen und Weiden lenken vom Bauernhaus der Volquardsens ab. Doch man sollte die Augen offenhalten, denn der Besuch der Schafskäserei ist ein Erlebnis. Monika und Redlef Volquardsen sind studierte Biolandwirte und begrüßen jeden Besucher herzlich. Man fühlt sich sofort wohl in dem alten Bauernhaus auf der Warft. Kind, Hund, Katze und zwei Generationen Familie samt Mitarbeitern begegnen mir in dem blitzsauberen Hofladen und der gegenüber liegenden Landhausküche. Hier trinke ich zum ersten Mal Kaffee mit frischer Schafsmilch und bin begeistert!

Das Bauernhaus im englischen Stil wurde auf Gewölbekeller aus dem 18. Jahrhundert gesetzt und ist von Wehrgräben umgeben, die aus der Wikingerzeit stammen. Heute ist der Keller idealer Reifeplatz für die Käse, die bei konstanten 13° C liegen müssen. Die Volquardsens halten 120 Ostfriesische Milchschafe auf 66 Hektar Dauergrünland. Und weil sich die Familie der Biolandwirtschaft verschrieben hat, wachsen auf den Weiden verschiedenste Kräuter, die Milch und Käse den unverwechselbaren Geschmack verleihen.

»Kann ich den Hund bei der Arbeit sehen?«, frage ich und streichle den Border Collie, der schon aufmerksam die Schafe beäugt. Ein Kopfnicken und ein leises »Away« von Redlef Volquardsen lassen den Hütehund sofort davonschnellen. Wir gehen auf die Weide und ich sehe bewundernd zu, wie der Hund blitzschnell auf die leisen Kommandos reagiert und die Schafherde direkt auf uns zutreibt. Innerhalb kürzester Zeit bin ich von Schafen umringt, deren anmutige, dunkle Gesichter mich mustern. Das Fell ist weich und die Hufe auch, stelle ich erleichtert fest, denn Flipflops sind auf der Weide nicht das beste Schuhwerk.

✍ »Entdeckungen mit allen Sinnen« sind Führungen für Hofbesucher, die Einblick in Schafzucht, Ökolandbau und Käserei gewinnen möchten.

HAUS PETERS /// DÖRPSTRAAT 16 /// 25882 TETENBÜLL ///
0 48 62 / 6 81 /// WWW.HAUSPETERS.INFO ///

ALTER KAUFMANNSLADEN MIT BLUMENGARTEN

Tetenbüll – Haus Peters

Malerisch reihen sich die Häuser um die Kirchwarft, auf der seit Hunderten von Jahren St. Anna thront. Die riesige Kirche erinnert an die Blüte der Landwirtschaft in vergangenen Jahrhunderten, denn Tetenbüll ist ein 300-Seelen-Dorf. Der Wagen rollt über Kopfsteinpflaster auf den Parkplatz und ich sehe ich mich schon am Ziel. Direkt gegenüber befindet sich der alte Kolonialwarenladen der Familie Peters, ein rotes Reetdachhaus mit einem liebevoll angelegten Bauerngarten, dessen Rosen bis auf den Gehweg ranken.

1765 erbaute Tobias Peters das Haus, in dem der Zimmermann Paul Tuchmann Peters um 1800 einen Gewürz- und Kolonialwarenladen eröffnete. Betritt man das Haus durch den Haupteingang, steht man in der Diele, dem Ladenraum. Man fühlt sich sofort in vergangene Zeiten versetzt, denn das als Museum betriebene Haus wurde sorgfältig restauriert. Tuchmann Peters, der auch einen Holzhandel betrieb, fertigte die aufwendig geschnitzten Regale, Vitrinen, Tresen und Schränke mit tausenderlei Schubladen selbst und versah sie mit der damals beliebten Braubierlasur.

Bis 1987 war das Haus Peters in Familienbesitz und die Gemeinde tat gut daran, das historische Kleinod zu erwerben und der Öffentlichkeit als Museum zugänglich zu machen. Die gusseisernen Schaufenster sind erhalten, genau wie die Stubentür hinter der Ladentheke, in der sich ein Guckloch befindet. Über knarrende Dielen und enge Treppen wandelt man auf den Spuren der ehemaligen Bewohner durch die niedrigen Stuben, in denen originale Bauernmöbel und Werke zeitgenössischer Künstler ausgestellt sind.

Man kann die kleine Zeitreise bei einer Tasse Tee in der Stube beenden, noch ein wenig im ansprechenden Angebot des Ladens (nostalgischen Papierwaren, Schokolade, Keramik oder hausgemachter Marmelade) stöbern und einen Spaziergang zur Kirchwarft anschließen.

✍ Im Juli finden im Bauerngarten die Rosentage statt: Liedermacher unterhalten, es werden Einführungskurse etwa in Papierkunst, Fotografie, Malerei angeboten.

TETENBÜLLSPIEKER /// EVERSHOPER STRASSE 23 ///
25882 TETENBÜLL /// WWW.EIDER-STEDT.DE ///

Die »grüne« Badestelle von Tetenbüllspieker, auch Everschop-Siel genannt, gilt als Geheimtipp. Bei Flut kann man direkt ins Meer springen und baden, ohne vorher Kurabgabe an einer »Mautstelle« bezahlen zu müssen. Bei Niedrigwasser zieht sich das Meer zurück und gibt das Watt für ausgedehnte Spaziergänge frei. Ist die Sicht klar, kann man weit über das Watt bis nach Pellworm und Nordstrand sehen.

Nach der Marcellusflut von 1362 war Everschop eine Insel. Der Name leitet sich vom Gezeitenstrom Hever ab. Durch die Landgewinnung wuchsen die auseinandergerissenen Landstücke, die Harden, wieder zusammen.

Heute bietet dieser reizvolle Grasstrand auch einen kleinen Segelhafen, Anlegestelle für Jachten während der Sommermonate. Früher liefen hier Krabbenkutter ein und man konnte fangfrische Krabben direkt von Bord kaufen. Dusche und Spielplatz sind heute noch vorhanden und ein kleines Restaurant vor dem Deich lädt zum Imbiss ein. *De Spieskommer* überrascht mit frischen regionalen Speisen und bietet viele landestypische Fischgerichte an.

Für Literatur- und Filmfreunde interessant: 1984 war Tetenbüllspieker neben Husum und SPO ein Drehort für den Film *Das Rätsel der Sandbank*. Der Film basiert auf dem Buch des irischen Schriftstellers Robert Erskine Childers. Die Handlung beginnt um 1900, als der junge Engländer Carruthers von einem Freund zur Entenjagd auf eine Jacht in der Nordsee vor Norderney eingeladen wird. Spannende Verfolgungsjagden per Schiff wurden auf den Sandbänken und in den Prielen bei Tetenbüllspieker gedreht. Im Hafen spielen entscheidende Szenen vor eigens für den Film aufgebauten Hüttenattrappen. Auch die Hafenmauer wurde aufwendig mit Plane verkleidet. Wenn man genau hinsieht, erkennt man im Film das Pumpenhaus hinter dem Deich, das um 1900 so noch nicht dort gestanden hat.

🖉 *Das Rätsel der Sandbank* eignet sich sehr gut als Hauptzutat für einen nostalgischen Filmabend – gerade, wenn man die Drehorte kurz zuvor besucht hat.

VON ST. PETER-ORDING ODER AUCH HUSUM AUS
FÜHRT EINE STRASSE DIREKT AM DEICH ENTLANG
UND FÜHRT DURCH DIE KÖGE NACH WESTERHEVER.

WWW.WESTERHEVER-NORDSEE.DE ///

EIN WAHRZEICHEN MIT VIELEN FACETTEN

Westerhever – Leuchtturm

26

Wer kennt ihn nicht, den rot-weißen Leuchtturm von Westerheversand? Ein Brauhaus machte den Leuchtturm zum Werbemotiv und damit weit über die Grenzen Eiderstedts hinaus bekannt. Der Leuchtturm ziert Briefmarken und so manches Souvenir und ist viel mehr als nur ein Wahrzeichen. Sein Leuchtfeuer weist seit über 100 Jahren Schiffen den Weg und hat manchem verirrten Wattwanderer das Leben gerettet.

1906 wurde der Turm auf einer vier Meter hohen Warft, Eichenpfählen und einem Betonsockel errichtet. 608 gusseiserne Platten, die Tübbings, wurden miteinander verschweißt und mit rot-weißen Streifen bemalt. Zwei baugleiche Wärterhäuser flankieren den 41,5 Meter hohen Turm. Ein Leuchtturmwärter bewohnte bis 1978 die Häuschen und versorgte die Kohlebogenlampe. Heute beherbergen die Häuser eine Station des Nationalparks Wattenmeer. Das Leuchtfeuer wird automatisch von Tönning aus überwacht. 1.000 Meter vor dem Seedeich trotzt der Leuchtturm inmitten der Salzwiesen den Elementen. Bis heute gelangt man nur zu Fuß zum Turm. Und das macht den Reiz dieses Ausflugszieles aus. Man nimmt sich Zeit und spaziert über den historischen Stockenstieg, einen schmalen, mit Ziegeln geklinkerten Weg, durch die unvergleichliche Landschaft und lässt den Blick bis zum Horizont schweifen. Wer möchte, erklimmt die 157 Stufen bis zur Turmspitze und schaut von oben über die Inselwelt.

Nahe der Dorfwarft von Westerhever lag die Wogemannsburg. Nach der Groten Mandränke, der Sturmflut von 1362, hatten sich dort heimatlos gewordene Fischer und Bauern zusammengerottet. Raubend und mordend zogen sie durchs Land, bis der tapfere Amtmann Owe Hering sie 1370 mit seinen Männern bezwang. Die Burg wurde zerstört und ihre Steine zum Bau der Kirche St. Stephanus genutzt.

⚭ Heiratswillige können sich im Leuchtturm das Jawort geben und werden auf Wunsch mit einer Kutsche durchs Watt gefahren.

**FÜR DEN WEG ZUR SANDBANK VON WESTERHEVER AUS
SOLLTE EINE GEHZEIT VON 30 MINUTEN EINGEPLANT WERDEN.**

**TOURISMUSVEREIN WESTERHEVER-POPPENBÜLL ///
25881 WESTERHEVER /// 0 48 65 / 12 06 ///
WWW.WESTERHEVER-NORDSEE.DE ///**

FAST AM ENDE DER WELT

Sandbank vor Westerhever

Mein erster Besuch in Westerhever ist mir immer noch in guter Erinnerung. Gerade den Deich erklommen, bot sich mir ein faszinierender Anblick: grünes Vorland, der Leuchtturm inmitten der Salzwiesen, dann die Wattflächen, in denen sich der Himmel im Wasser spiegelte, dahinter die weitläufige Sandbank und schließlich die Nordsee, die weit draußen mit dem Horizont verschmolz. Die Weite kam mir endlos vor und ein Gefühl von Freiheit ergriff mich. Dann überwog auch damals schon der Fotograf in mir und ich suchte nach den besten Bildausschnitten.

Auch heute noch, Jahre und unzählige Fotos später, bleibe ich auf dem Weg zur Sandbank immer auf dem Deich stehen und genieße es, den Blick über die Weite schweifen zu lassen.

Oft sehe ich Gäste, die das Gesicht angesichts der Weite verziehen. »Da müssen wir ganz hinlaufen?« Es lohnt sich! Eine halbe Stunde strammer Fußmarsch und man kann die Füße in weißen Sand graben. Im Gegensatz zu den großen Stränden in St. Peter-Ording sind die Badevorschriften hier eher zwanglos: Ob mit Badekleidung oder textilfrei, jeder findet hier seinen Platz.

Die Sandbank ist über einen mit Pfählen markierten Fußweg zu erreichen, der über eine feste Wattfläche führt. Weil die Wattfläche recht hoch liegt, ist der Weg den Sommer über immer begehbar. Bei Hochwasser kann es allerdings schon einmal vorkommen, dass das Wasser knietief ist. Bleibt man aber auf dem markierten Weg, ist es ungefährlich, da kein Priel zwischen der Sandbank und dem Festland verläuft.

Menschlichen Bedürfnissen sollte man möglichst vor oder nach dem Strandaufenthalt nachkommen. Dafür gibt es vor dem Deich das »schönste Toilettenhäuschen der Welt«. Immerhin befinden sich die sanitären Anlagen in einem Reetdachhaus und das ist schon irgendwie skurril luxuriös.

☞ Sonnenschutz und genügend Getränke nicht vergessen. Wer viel Strandgepäck zu transportieren hat, kann sich im Info-Hus einen Bollerwagen ausleihen.

MELKHUS /// HEERSTRASSE 28 /// 25881 WESTERHEVER ///
0 48 65 / 90 15 90 /// WWW.MELKHUS-WESTERHEVER.DE/ ///

ZEIT FÜR EINE PAUSE BEIM RADWANDERN
Westerhever – Melkhus

»Immer gegen den Wind!« Egal wann ich mich aufs Rad schwinge, ich habe garantiert Gegenwind. Ganz so ist es natürlich nicht, aber die Touren gegen den Wind zählen eben doppelt. Macht nichts, ich mag den Wind, denn er vertreibt auch die Regenwolken über unserer Halbinsel schnell. Das Wetter hier oben ist überhaupt eine ganz eigene Sache. Aber wer an die Nordsee fährt, weiß das und hat einfach immer die richtige Kleidung dabei.

Weil das Land hier so flach ist, lässt es sich wunderbar radeln. Vor allem seitab der Hauptverkehrsstraßen ist das Rad eine beschauliche und sportliche Alternative zum Auto. Es gibt mittlerweile verschiedene kartierte Radwege unter anderem den Eider-Treene-Sorge-Weg, den Ochsenweg und den Wikinger-Friesen-Weg. Letzterer führt von St. Peter-Ording quer durchs Land bis nach Maasholm an der Ostsee. Folgt man dem Weg von der Spitze der Halbinsel durch den Tümlauer Koog am Deich entlang nach Westerhever, dann sollte man eine Brotzeit im Melkhus einlegen.

Vom Deich aus kann man das kleine rote Blockhaus im nordischen Stil sehen. Nähert man sich von der Straße, dann biegt man in die Heerstraße und folgt ihr bis ans Ende. Das Melkhus gehört zur Lammerswarft, einem Milchviehbetrieb, dessen Reetdachhäuser im 18. Jahrhundert erbaut wurden. 2011 öffnete das kleine Gasthaus seine Tore, das idyllisch am Ende des großen Bauerngartens liegt. Nur eine Weide trennt den Besucher dort vom Grasdeich, hinter dem die Nordsee brandet. An Holztischen oder auf Baumstämmen kann der durstige Besucher sich mit Milchshakes erfrischen und für den kleinen Hunger bietet das Melkhus Käsebrote.

Gestärkt schwingt man sich dann wieder auf den Drahtesel und folgt weiter dem Deich oder man biegt zurück auf den Wikinger-Friesen-Weg und radelt sogar bis nach Schleswig zur alten Wikingersiedlung Haithabu.

✍ An Sommertagen sollte man nicht vergessen, die Badesachen einzupacken, um über den Deich laufen und ein Bad in den Nordseefluten nehmen zu können.

EINMAL IM JAHR FINDET AM BADESTRAND VON STUFHUSEN
EIN TAUFGOTTESDIENST STATT.

BADESTELLE STUFHUSEN /// 25881 WESTERHEVER ///

WO DER PASTOR IM WASSER STEHT

Badestelle Stufhusen

Eigentlich hatte ich nur ein paar Aufnahmen machen wollen und war nichtsahnend mit der Kamera nach Stufhusen gekommen. Der ruhige Strand gilt als Insider-Tipp und Parkplätze sind immer reichlich vorhanden. Doch an diesem sonnigen Sonntag im Juli schien das ganze Dorf auf den Beinen. Nachdem ich endlich einen Parkplatz gefunden hatte, spazierte ich zum Deich, um das Wunder in Augenschein zu nehmen, das Menschenmassen an diesen entlegenen Ort zog.

»Wüllt Se ok to 'n Pastor?«, fragt ein freundlicher älterer Herr, der neben mir über den Deich klettert. Ah, verstehe! Einmal im Jahr zelebriert der Pastor aus Garding hier am Deich einen plattdeutschen Taufgottesdienst. Und ich erwische just diesen Tag!

Bei diesem Gottesdienst unter freiem Himmel wird jeder Besucher vom Pastor persönlich mit Handschlag begrüßt, statt einer Orgel gibt ein Akkordeon den Ton an. Und da während dieser besonderen Zeremonie mehrere Kinder im Wasser der Nordsee getauft werden, gleicht der Gottesdienst einem geselligen Familienfest am Nordseestrand.

Am nördlichen Ausläufer der Westerhever Sandbank gelegen, wird die Badestelle Stufhusen auch gern als Westerhevers kleine Schwester bezeichnet. Direkt am Außendeich gelegen, laden der schöne Sand- und Grünstrand zum Baden, Spielen und Erholen ein. Bedingt durch die Sandbank ist die Flachwasserzone recht groß, was die Badestelle besonders für junge Familien mit kleinen Kindern interessant macht. Aber auch für all diejenigen, die Ruhe und Erholung suchen, ist Stufhusen ein idealer Ort, um einen erholsamen Tag am Strand zu verbringen.

Die Badestelle Stufhusen ist relativ leicht zu erreichen. Von Westerhever aus fährt man in Richtung Leuchtturm. Nach dem Ortsausgang die erste Straße rechts abbiegen und dann etwa anderthalb Kilometer immer geradeaus, bis es nicht mehr weitergeht.

⌀ Stufhusen ist eine Halligwarft, deren Häuser – darunter auch ein sehenswerter Haubarg – sich um einen Fething, einem Regenwasserauffangbecken, gruppieren.

ROTER HAUBARG /// SAND 5 /// 25889 WITZWORT ///
0 48 64 / 8 45 /// WWW.ROTERHAUBARG.DE ///

»Wo ist denn das kaputte Fenster?«, fragt ein Mädchen, das mit seinen Eltern vor dem großen weißen Haubarg steht. Schmunzelnd gehe ich weiter und hebe suchend den Blick. Von 99 Fenstern soll stets eines kaputt sein, so die Sage um den legendären Roten Haubarg. Erbaut wurde das Reetdachhaus 1647, doch um seine Entstehung rankt sich eine Sage.

An der Stelle des heutigen prächtigen Haubargs stand damals eine kleine Kate, die einem jungen Mann gehörte. Dieser wollte die Tochter seines reichen Nachbarn ehelichen, doch der Vater verweigerte die Zustimmung. In seiner Verzweiflung schloss der junge Mann einen Pakt mit dem Teufel, dem seine Seele gehören sollte, wenn er ihm in einer Nacht bis zum Hahnenschrei ein großes Haus bauen würde. Beinahe wäre es dem Teufel gelungen, doch die Mutter des Mädchens durchkreuzte den Plan, indem sie den Hahn kräftig schüttelte, dass er schrie, gerade bevor das letzte der 99 Fenster fertig war.

Die Bauform des Haubargs stammt aus Holland, von westfriesischen Einwanderern und ist typisch für Eiderstedt. Als landwirtschaftlicher Betrieb konzipiert, vereinte der Haubarg Vieh, Gesinde und Herrschaft unter einem Dach. In der Mitte lagerte das Stroh, darum befand sich die Loo, in der gedroschen wurde, samt der Schlafstätten fürs Gesinde, die im Winter durch Stroh und Vieh warmgehalten wurden. Im separaten beheizbaren Pesel wohnte der Großbauer mit seiner Familie. Haubarge wurden auf vier bis zehn Ständern erbaut, die durch Pfetten (Quer- und Längsbalken) verbunden sind. Diese Konstruktion hält auch einer Sturmflut stand, denn das Meer kann die Mauern einreißen, ohne dass Gerüst, oberes Stockwerk und Dach fallen.

Der Rote Haubarg ist das einzige Museum seiner Art und bietet ein Café, Restaurant und einen großen Garten mit Terrasse.

Ⓢ Donnerstags werden Eiderstedter Spezialitäten angeboten und von Eiderstedterinnen auf Plattdeutsch und in Tracht präsentiert.

THEODOR-STORM-HAUS /// WASSERREIHE 31 ///
25813 HUSUM /// 0 48 41 / 8 03 86 30 ///
WWW.STORM-GESELLSCHAFT.DE ///

AM GRAUEN STRAND, AM GRAUEN MEER UND SEITAB LIEGT DIE STADT

Husum – Wasserreihe und Theodor-Storm-Haus

29

Es ist normal, dass Japaner in Gruppen vor dem David in Florenz oder im Louvre stehen und Kunstwerke in ein Blitzlichtgewitter tauchen. Aber wenn man dasselbe Phänomen in der Husumer Wasserreihe beobachtet, stutzt der unbedarfte Spaziergänger – bis man näher tritt und die Plakette an dem alten Haus entdeckt. Sie trägt die Inschrift: »Hier wohnte der Dichter Theodor Storm 1857–1864.«

Ich mag Husum sehr. Vor allem die alten Gassen mit dem holprigen Kopfsteinpflaster, die zum Hafen hinunterführen. Die Wasserreihe gehört zu den ältesten und mit den kleinen Fischerhäusern und dem Storm-Haus zu den charmantesten Ecken der Stadt.

Am 14. September 1817 erblickte Theodor Storm in einem Haus am Markt das Licht der Welt. Die graue Stadt am Meer, wie er Husum später poetisch beschreibt, wird ihn nie loslassen, auch wenn die Politik der dänischen Besatzer ihn anfangs ins Exil nach Potsdam treibt.

»Der Nebel drückt die Dächer schwer, / Und durch die Stille braust das Meer«, schrieb Storm über Husum und wie kein anderer verstand er es, Menschentragik und Naturgeheimnis, das Dunkle und Schwere der Meeresmystik und -gewalt in seinen Novellen darzustellen. Unvergessen bleibt der Dichter und es wundert nicht, dass es weltweit Storm-Gesellschaften gibt. Der Besuch des kleinen Storm-Museums lohnt nicht nur bei Regenwetter. Ich bin schon oft dort gewesen und komme doch immer wieder ins Träumen, wenn ich den Schreibtisch des Dichters sehe. Hier flog die Feder über das Papier und es entstanden Novellen wie *Der Schimmelreiter* oder *Von jenseit des Meeres*.

Wer weiter auf Storms Spuren wandeln möchte, geht zum Marktplatz, wo sich historische Stufengiebelhäuser drängen und spaziert durch den alten Torbogen hinüber zum Schloss. Es fällt nicht schwer, sich vorzustellen, wie der Dichter in Gedanken versunken genau hier entlangschlenderte …

✍ Jedes Jahr im August finden die Husumer Hafentage statt, die sich zum größten Volksfest an der schleswig-holsteinischen Nordseeküste gemausert haben.

Original Casper-Theater

AUF DEM HÖLLISCHEN SPERLING NACH PARMA GERITTEN

Husum – Poppenspäler Museum

30

Von solchen fantastischen Ritten kann nur ein Dichter berichten und meisterhaft tut das Theodor Storm in seiner Novelle *Pole Poppenspäler*. 1874 entsprang der Feder des Husumer Dichters die spannende Geschichte um Puppenspieler Paul und seine Frau Lisei. Storms Leben und Wirken sind eng mit seiner nordfriesischen Heimat verbunden. Sein Geburtshaus ist in Husum zu besichtigen und viele seiner Novellen und Gedichte spielen auf Eiderstedt. *Der Schimmelreiter* zählt sicher zu Storms populärsten Werken. 1977 wurde die dramatische Geschichte um den Deichgrafen Hauke Haien mit Gert Fröbe in der Rolle seines Amtsvorgängers stimmungsvoll verfilmt.

Doch zurück zu den Puppen, dem Kasperltheater, das den meisten ein Begriff ist. Für uns Kinder war es immer aufregend, wenn der Puppenspieler in den Ort kam und seine Bühne aufbaute. Nur zu gern ließen wir uns entführen in die geheimnisvolle, spannende Welt von Kasper und Teufel, von Hexen und geflügelten Kröten. Ob Kasper, wie bei Storm, auch in unserem Theater fragte, ob er denn wirklich auf dem höllischen Sperling nach Parma reiten solle, weiß ich nicht mehr, aber an die liebevoll geschnitzten Puppen erinnere ich mich gut. Viele dieser kunstvollen Handpuppen kann man nun im Schloss vor Husum bestaunen, in dem sich das neue Pole Poppenspäler Museum befindet. Neben Marionetten sind historische Theater und Werkzeuge der Puppenmacher ausgestellt.

Und wer die Puppen in Aktion sehen möchte, der achtet auf den Poppenspälerwagen, der im Sommer mit seinem Figurentheater durch das Land zieht. Den historischen Schaustellerwagen gibt es seit 1920. Und seitdem gilt: Wenn de Vock'sche Popp, eine spezielle Marionette, unter dem Vordach hängt, heißt es »Hereinspaziert, jüm leven Lüüd, besökt us Poppenspeel!« oder auf Hochdeutsch: »Bitte hereinspaziert!«

✆ Achten Sie im Sommer auf das Festival des Internationalen Figurentheaters – mit interessanten Aufführungen, etwa *Macbeth für Anfänger* oder *Krabat*.

SCHLOSS /// KÖNIG FRIEDRICH V.-ALLEE /// 25813 HUSUM ///
0 48 41 / 8 97 31 30 /// WWW.MUSEUMSVERBUND-NORDFRIESLAND.DE/
SCHLOSS-VOR-HUSUM/3-0-HOME.HTML ///

Ein melodiöses Tonwirrwarr klingt aus dem Schlosshof und erfüllt die laue Sommernacht mit einem besonderen Zauber. Weiße Tischtücher flattern leicht in der warmen Brise, als wir den Innenhof betreten, in dem sich das Streichquartett einstimmt. Wir hatten Glück und konnten noch Karten für ein Konzert des Schleswig-Holstein Musik Festivals ergattern. Das Renaissanceschloss bietet genau den richtigen Rahmen für ein hochkarätiges musikalisches Ereignis und hat sich zu Recht einen Namen als außergewöhnlicher Veranstaltungsort gemacht.

Als Franziskanerkloster im 15. Jahrhundert gegründet, wurde der Bau lange als Armenhaus und Lateinschule genutzt. Ende des 16. Jahrhunderts ließ Herzog Adolf I. das Kloster abreißen und an seiner Stelle das Schloss errichten. Im Stil der niederländischen Renaissance erbaute man eine offene dreiflügelige Anlage mit Mittelturm auf der Schlossinsel. Von den zahlreichen Nebengebäuden blieben nur das Tor- und das Kavalierhaus erhalten. Ab 1750 und unter Herzogin Auguste kam es zu einigen entscheidenden Reduzierungen des einstmals prächtigen Gebäudes, doch noch immer kann der sorgfältig restaurierte Bau inmitten des Schlossparks überzeugen.

Der fünf Hektar große Park ist landesweit für die Krokusblüte berühmt: In jedem Frühjahr bedeckt ein violettes Blütenmeer den Park. Man nimmt an, dass die Krokusse zur Zeit der verwitweten Herzoginnen gepflanzt wurden, die das Schloss über die Jahrhunderte bewohnten. Ganz in der Tradition des Grauen Klosters versuchte man sehr wahrscheinlich, Safran aus den Blüten zu gewinnen, was mit der Spezies *Crocus napolitanus* jedoch nicht gelingen konnte.

Im Schloss fand die Kreismusikschule Unterkunft und das Schlossmuseum zeigt seit einigen Jahren die ehemaligen Repräsentationssalons, die Kapelle und wechselnde Kunstausstellungen.

✍ Schauen Sie in den Veranstaltungskalender des Schlosses, der im Sommer musikalische Leckerbissen bietet. Das Schlosscafé befindet sich im historischen Gewölbe.

WEIHNACHTSGLANZ UND KRABBENPULEN

Tönning – Hafen mit Packhaus

32

Wenn man durch die verwinkelten Gassen der verträumten kleinen Hafenstadt an der Eider fährt, ahnt man kaum die einstige Bedeutung von Tönn, wie es auf Plattdeutsch heißt. Die große Kirche St. Laurentius wacht noch über den Marktplatz, an dem einige Stufengiebelhäuser vom Wirken niederländischer Kaufleute im 17. Jahrhundert zeugen.

Auf einer Verkehrsinsel erinnert ein Modell an das große Schloss, das im 18. Jahrhundert abgerissen wurde. Aufgrund Tönnings Lage als Grenzstadt an der Eider spielten sich entscheidende Schlachten des Großen Nordischen Krieges hier ab und 1700 richteten die Artilleriegeschosse verheerende Schäden an. Wenige Jahre später zogen 11.000 Schweden durch die Stadt und danach ließ der Dänenkönig die Festungsstadt schleifen.

Doch das alte Packhaus am Hafen erzählt mit imposanter Größe von der Bedeutung des Hafens als Anlegeplatz für große Handelsschiffe. 1763 erbauten die Tönninger das Packhaus, denn damals wurde der Eider-Kanal eröffnet, der erstmals Nord- und Ostsee miteinander verband. Die Stadt erlebte eine kurze wirtschaftliche Blüte, während der sogar die niederländische Ostindien-Kompanie den Hafen nutzte. Mit dem Bau des Nord-Ostsee-Kanals 1895 verlor der Hafen seine Bedeutung und als 1972 das Eidersperrwerk eingeweiht wurde, verlegte man den Fischereihafen dorthin.

Wie so viele Orte auf Eiderstedt profitiert auch Tönning heute vom Tourismus und bietet mit seinem historischen Hafen, in dem Sportboote und auch Fischkutter anlegen, ein beliebtes Ausflugsziel. Das alte Packhaus ist nun ein Kulturzentrum, in dem Krabbenpulkurse, Antikmärkte, Mondscheinkino und vor allem der berühmte Weihnachtsmarkt veranstaltet werden. Im Dezember verwandelt sich das Backsteinhaus in einen riesigen Adventskalender und lockt mit über 120 Kunsthandwerkern und kulinarischen Spezialitäten zahlreiche Besucher an.

✍ In der Alten Fischereigenossenschaft am Eiderdeich 12, neben dem Packhaus, kann man frischen Fisch kaufen oder vor Ort essen und den Hafenblick genießen.

DIE FÜTTERUNG DER FISCHE IM GROSSRAUM-AQUARIUM DURCH
EINEN TAUCHER ZIEHT JEDES MAL ZAHLREICHE ZUSCHAUER AN.

NATIONALPARK-ZENTRUM MULTIMAR WATTFORUM ///
DITHMARSCHER STRASSE 6 A ///25832 TÖNNING ///
0 48 61 / 9 62 00 /// WWW.MULTIMAR-WATTFORUM.DE ///

DER ENTSPANNENDE BLICK INS AQUARIUM

Tönning – Multimar Wattforum

33

Für viele Menschen gehört der bequeme Sessel mit dem Blick aufs Aquarium zu den Lieblingsplätzen. Den schwerelos im Wasser dahingleitenden Fischen zuzuschauen ist entspannend und lenkt vom Stress des Alltags ab. Auch einer meiner Lieblingsplätze ist der vor einem Aquarium. Nur misst es sieben Meter in der Höhe, sechs Meter in der Breite, sechs Meter in der Tiefe und fasst 250.000 Liter Wasser. Und statt kleiner Guppys und Neonsalmler ziehen hier Störe, Rochen, Dornhaie und Seelachse ihre Runden.

Dieser gläserne Lebensraum ist eine der Attraktionen im Tönninger Nationalparkzentrum Multimar Wattforum. Ergänzt wird das Großraumaquarium durch 35 weitere, in denen mehr als 280 Arten von Fischen, Krebsen, Muscheln und Weichtieren in ihren Lebensräumen zu sehen sind – von den Oberläufen der Bäche über Brackwasserzonen bis in die Tiefen der Nordsee.

Besonders beeindruckend ist das Walhaus mit dem 17,5 Meter langen Skelett eines Pottwals, der 1997 im Wattenmeer strandete. Scheinbar schwerelos schwebend, hängt das aus 157 Einzelknochen bestehende Originalskelett des sanften Giganten von der Decke. Eine Körperhälfte ist durch eine Kunststoffhalbschale nachgebildet, die dem Meeressäuger nachempfunden wurde. Neben ihm verdeutlicht das sechs Meter lange Knochengerüst eines Zwerg- oder Minkwals den Unterschied zwischen Zahn- und Bartenwalen. Etwas wehmütig betrachte ich das riesige Tierskelett und hoffe, dass die intelligenten Tiere auch in der Zukunft noch unsere Meere bevölkern.

Ich werde gern wieder Kind, wenn ich die Brandungswellen sehe, die ich mit einer Kurbel im kleinen Becken erzeugen kann. Und ich wühle gern im Sand nach Muscheln oder lasse Krabben im Meerwasserbecken an meiner Haut entlangstreichen. Den Krabbenkutter in die Fanggründe oder Siele und Sperrwerke zu steuern, überlasse ich den technikaffinen Kids.

⌖ An zwei Tagen in der Woche füttert ein Taucher die Fische in dem Großraumaquarium und unterhält sich mit den Besuchern mit Hilfe eines speziellen Mikrofons.

DAS EIDERSTEDTER »SCHLOSS« ERWACHT AUS DEM DORNRÖSCHENSCHLAF

Hoyerswort

34

Schloss wird es gern von den Einheimischen genannt, das Herrenhaus Hoyerswort. Und es verdient diese Auszeichnung, seit es Alfred Jordy 2011 erwarb und liebevoll restauriert zu neuem Leben erweckte. Oft bin ich früher an dem zweigeschossigen weißen Renaissancebau mit dem achteckigen Treppenturm vorbeigefahren und habe mich gefragt, welche Geschichte sich dahinter verbirgt.

Heute sind Besucher willkommen, fahren durch eine Allee auf das strahlend weiße Gebäudeensemble zu und dürfen sich umschauen. Das Herrenhaus, wurde vom königlich dänischen Staller Caspar Hoyer, einem hohen Beamten, im 16. Jahrhundert erbaut – heute zeigt es als Museum die dramatische Geschichte des Gutes. Ein Pranger im Treppenturm zeugt mit Halseisen von der richterlichen Gewalt des Stallers. Die verschuldete Witwe Anna Ovena Hoyer verlor das Gut 1632 und musste es an Herzogin Auguste von Husum verkaufen. Verarmt starb Anna Hoyer später in Schweden. Im 18. Jahrhundert spielte Hoyerswort während der Belagerung von Tönning durch russische und dänische Truppen eine wichtige Rolle.

Betritt man heute die Eingangshalle mit dem friesisch blauen Treppenaufgang, kann man nach holländischer Tradition handbemalte Fliesen der Töpferei Jordy begutachten und Apfelwein probieren, der aus Äpfeln der Hoyersworter Streuobstwiese gekeltert wurde. Im Hofcafé gibt es hausgemachte Kuchen und danach bietet sich ein Rundgang durch den Blumengarten an. Spaziert man dann über den Hof auf den Haubarg zu, der direkt neben dem Herrenhaus liegt, trifft man Katzen, den Hofhund, Hühner oder ein Hängebauchschwein. Die gesamte Anlage wird ständig erweitert und bietet im großen Tanzsaal regelmäßig musikalische oder literarische Veranstaltungen. Im Tanzsaal gibt es übrigens einen legendären Blutfleck, der die Dichter Fontane und Hebbel zur Sage *Vom Teufel und der Tänzerin* inspirierte.

✍ Machen Sie mit bei einer Führung mit dem historisch gewandeten Hausherrn oder begeben Sie sich selbst im Schloss auf die Spuren von Caspar Hoyer.

ATELIER RUNGHOLT /// RUNGHOLTER WEG 4 /// 25836 WELT ///
0 48 62 / 1 04 49 04 /// WWW.ATELIER-RUNGHOLT.DE ///

DER KÜNSTLER UND DIE ISLANDPFERDE
Welt – Atelier Rungholt

35

Nicht nur ein Atelier, sondern ein Pferdehof und ein Gesamt-
kunstwerk erwarten den Besucher der Warft Rungholt. Wolfgang
Groß-Freytag hat diesen besonderen Ort mitten in den Wiesen in der
Nähe des Katinger Watts in mehrjähriger Arbeit geschaffen.

Der Künstler stammt aus Kempten im Allgäu, studierte in Kiel
an der Muthesius Hochschule Freie Kunst und war Meisterschüler
der Malklasse von Harald Duwe. Im Oeuvre von Groß-Freytag finden sich sozialkritische, abstrakte Arbeiten genauso wie realistische
Landschaftsstudien und seit einigen Jahren vermehrt Porträts von Is-
landpferden. Die Leidenschaft für das Reiten und die Liebe zu den
kleinen, energiegeladenen Pferden von der nordischen Insel haben
den Künstler dazu bewogen, Hausmauern und Stallwände großformatig zu bemalen. Die Arbeit ist noch längst nicht abgeschlossen, wie
der Künstler erzählt, sondern wird weiter ausgebaut.

Kommt man auf den Hof, wird man von zwei Islandhunden,
Gänsen und Hühnern begrüßt. Neugierig recken Islandpferde ihre
schönen Köpfe über das Gatter und beäugen die Besucher. Der
Künstler hat nicht nur seine eigenen Pferde porträtiert, sondern fer-
tigt auch auf Bestellung Ölgemälde an. Spricht er über die eigenwilli-
gen Pferde, spürt man seine Begeisterung für die Tiere, die neben den
drei bekannten Gangarten Schritt, Trab und Galopp auch den Tölt-
und Passgang beherrschen. Die Isländer achten sehr auf das Marken-
zeichen Islandpferd, weshalb die Einfuhr von Pferden auf die Insel
verboten ist. In aller Konsequenz bedeutet dies, dass selbst auf Island
geborene Pferde, die einmal die Insel verlassen haben, nicht wieder
eingeführt werden dürfen.

Das Atelier befindet sich in einer ausgebauten Scheune, die an
das reetgedeckte Wohnhaus grenzt. Im blühenden Bauerngarten oder
direkt am Strand finden das ganze Jahr über Aquarellmalkurse des
Künstlers statt.

✏ Wer sich für einen Open-Air-Aquarellmalkurs mit dem Künstler Wolfgang Groß-Freytag anmeldet, lernt die Küstenland-
schaft neu zu sehen.

STADT DER TOLERANZ
IN HOLLÄNDISCHEM GEWAND
Friedrichstadt

Verträumt schmiegt sich das kleine Holländerstädtchen ans Treeneufer. Besucher sind immer wieder überrascht von der pittoresken Schönheit des historisch interessanten Ortes. Spätestens wenn wir unter tiefhängenden Weiden in einem Boot durch die Grachten rudern und die Treppengiebelhäuser betrachten, ist die vorausgegangene anstrengende Radtour gegen den Wind vergessen.

Klein Amsterdam wird das Städtchen auch wegen seiner Bauten der niederländischen Backsteinrenaissance und der Grachten genannt. Die Gründung Friedrichstadts im 17. Jahrhundert geht auf die ehrgeizigen Pläne Herzog Friedrichs III. von Schleswig-Gottorf zurück. Um 1620 wollte der Herzog sein Land aufwerten, indem er es zum Mittelpunkt einer Handelslinie machte, die von Spanien unter anderem bis nach Ostindien reichen sollte. Es galt, einen starken Handelshafen an der Nordsee zu schaffen und weil führende Wasserbauer damals vornehmlich aus den Niederlanden kamen, bot der Herzog einigen in ihrer Heimat verfolgten Remonstranten Religionsfreiheit in einer Siedlung mit niederländischer Amtssprache an.

Gegen die Widerstände Tönnings und seiner Mutter Augusta, die nur die Lutheraner duldete, verwirklichte Friedrich III. sein Vorhaben. 1621 begann der Bau des Hauses für den mennonitischen Stadtplaner Willem van den Hove. Auch finanzkräftige Mennoniten siedelten sich an und 1675 folgten deutsche Juden, die zeitweise die größte Glaubensgemeinschaft der Stadt bildeten. Am Binnenhafen wurden eine Synagoge, eine jüdische Schule und das Wohnhaus des Rabbiners erbaut.

Kriegerische Auseinandersetzungen verschonten auch Friedrichstadt nicht, das aufgrund seines Hafens und der günstigen Lage an den Flüssen von verschiedenen Truppen eingenommen wurde. 1796 suchte Ludwig Philipp, der spätere französische Bürgerkönig, auf der Flucht vor der Revolution in Friedrichstadt Unterschlupf und lebte dort einige Monate als Hauslehrer unter dem Namen De Vries.

Während der schleswig-holsteinischen Kriege im 19. Jahrhundert wurde Friedrichstadt von dänischen und preußischen Truppen besetzt und nach der Kommunalreform von 1869 dem Kreis Schleswig zugeordnet. Durch die Handelsbestrebungen der Niederländer blühte die Wirtschaft in Friedrichstadt, das von 18 Brücken durchzogen ist und ab 1887 eine Eisenbahnanbindung hatte. Es gab vier Schiffswerften, von denen die letzte 1912 ihre Tore schloss, eine Salzsiederei, eine Schwefelsäurefabrik, eine Knochenmühle, eine Walzenmühle und eine Senffabrik.

Die Auswirkungen des Nationalsozialismus zeigten in Friedrichstadt schon früh ihr hässliches Gesicht. Bei der Reichstagswahl von 1932 erreichte die NSDAP in Friedrichstadt über 40 Prozent der Stimmen. Jüdische Geschäfte wurden bedroht und boykottiert. In der Reichspogromnacht vom 9. auf den 10. November 1938 setzten SA-Männer die Synagoge in Brand, verwüsteten Geschäfte und Wohnungen jüdischer Bürger und verhafteten die jüdischen Männer. Alle Juden flohen aus Friedrichstadt, viele nach Hamburg, von wo die meisten in Konzentrationslager transportiert wurden. Nur wenige Friedrichstädter Juden überlebten den Holocaust.

Noch heute gibt es in Friedrichstadt Remonstranten- und Mennonitengemeinden, sowie eine lutherische und ein katholische Gemeinde. Der alte jüdische Friedhof am Treenefeld ist nun eine Gedenkstätte, genau wie die Synagoge, die in eine kulturelle Begegnungsstätte umgestaltet wurde. Wer aufmerksam durch die Stadt spaziert, wird 25 messingfarbene »Stolpersteine« finden, auf denen die Namen vertriebener jüdischer Bürger stehen. Im Talmud heißt es, dass ein Mensch vergessen ist, wenn sein Name vergessen ist. Auch dank der Stolpersteine des Künstlers Gunter Demnig geht man mit offeneren Augen über das geschichtsträchtige Pflaster. Und kann danach dem Charme der Altstadt bei einer Tasse Tee erliegen.

MITTELBURGGRABEN IN FRIEDRICHSTADT

VERTRÄUMTE WASSERWEGE
UNTER BRÜCKEN UND WEIDEN

Friedrichstadt – Grachtenfahrt

36

Blätter streifen sanft über das Boot, während es leise plätschernd durch das ruhige Wasser der Treene fährt. Eine Entenfamilie lässt sich vom Ufer ins Wasser gleiten und ich lehne mich zurück und genieße die Flussidylle. »Nicht einschlafen, treten, sonst rammen wir gleich den Brückenpfeiler ...«, kommt es mehr scherzhaft von der Seite, wo meine Freundin eifrig die Pedale bewegt. Wir müssen tatsächlich etwas Fahrt aufnehmen, um keines der am Ufer vertäuten Boote zu schrammen und schließlich gerade noch die Kurve um den Pfeiler zu bekommen.

Wer sich nicht anstrengen möchte, kann auch eine Rundfahrt auf einem der flachen Ausflugsboote mitmachen. Mit ihren Glasdächern erinnern die Boote stark an ihre holländischen Pendants, was kaum überrascht, denn schließlich schippern wir hier durch Klein Amsterdam.

Der Mittelburggraben durchzieht den alten Stadtkern von Friedrichstadt und man kann von hier aus die historischen Stufengiebelhäuser mit den alten Hausmarken und eisernen Jahreszahlen über den niedrigen Türstürzen sehen. Wer möchte, legt an und spaziert durch die Altstadt, wo in einem der ältesten Handelshäuser, mit einem Doppelgiebel von 1624, das Teehaus mit ausgesuchten Spezialitäten zu finden ist. Der Verkaufsraum mit Sichtbalken, den lehmverputzten Wänden und der Upkammer mit zwei Alkoven ist eine historische Rarität.

Setzt man die Bootsfahrt fort, fährt man vielleicht bis zur blauen Brücke, welche die Treene kurz vor ihrer Mündung in die Eider überspannt. Die kleine Klappbrücke mit den hoch angebrachten Gegengewichten scheint einem Van-Gogh-Gemälde entlehnt zu sein. Bei so viel holländischem Flair wundert es nicht, dass Segen und Vaterunser in der Remonstrantenkirche noch heute auf Holländisch gesprochen werden.

Je nach Wetterlage bietet sich ein Tretboot oder eine humorvolle Wasserführung auf einem der großen Ausflugsboote an.

NATURSCHUTZSTATION /// GOOSTROOT 1 /// 24861 BERGENHUSEN ///

AUF STÖRTEBEKERS SPUREN DURCH DIE NATUR

Eider – Treene – Sorge

37

Mit 160.000 Hektar zählt die Flusslandschaft Eider-Treene-Sorge zu den letzten zusammenhängenden Niederungsgebieten in Europa. Das riesige Flussgewässersystem wurde durch die Eiszeiten geschaffen, die den drei Flüssen ihr Bett ebneten. Die Auswirkungen von Tide und Sturmfluten reichen weit in die Flusslandschaft hinein, die von Geestinseln, den sogenannten Holmen, und Niedermooren geprägt ist.

Lange waren die Flüsse Teil eines wichtigen Handelsweges, der von der Nordsee über Eider und Treene, streckenweise über Land, und schließlich über die Schlei bis zur Ostsee führte. Es geht die Sage, dass der legendäre Vitalienbruder Klaus Störtebeker, der im 14. Jahrhundert die Nordsee als Seeräuber unsicher machte, an der Treene bei Schwabstedt einen Schlupfwinkel unterhielt, in dem er eine goldene Kette vergraben haben soll.

Im Laufe der Jahrhunderte wurde die vom Wasser geprägte Landschaft durch Schleusen und Entwässerungen stark verändert. Moore und Feuchtflächen sind heute vom Naturschutz gesichert und bieten vielen Tier- und Pflanzenarten Entfaltungsraum. Der Anblick von leuchtend gelbem Gilbweiderich oder den lila Blüten der Sumpf-Kratzdistel erfreut Wanderer, Radler oder Reiter. Bekannt ist die Flusslandschaft für ihren Weißstorchbestand, doch auch Schilfrohrsänger, Bekassine oder die Rohrweihe gehören zu den hier beheimateten Brutvögeln.

Erleben kann man diese Naturlandschaft auf vielen kartierten Wegen, die mit Hinweisschildern, Lehrpfaden und Aussichtspunkten versehen sind. Kanufahrten sind genauso möglich wie naturkundliche Führungen. Seit 2009 gibt es den Deichwanderweg entlang der Untereider zwischen Nordfeld und Tönning. Von der Deichkrone aus schaut man auf Flusswatten und Feuchtwiesen und kann Deichbruchstellen entdecken oder Zwergschwäne beobachten.

🐎 Abseits der Straßen gibt es viele Reitwege mit hufschonendem Untergrund. Auch an Anbindebalken, Schutzhütten und Grillanlagen wurde gedacht.

DER NATIONALPARK SCHLESWIG-HOLSTEINISCHES WATTENMEER IST
EINE AMPHIBISCHE LANDSCHAFT, DIE IM WECHSEL DER GEZEITEN
MAL LAND UND MAL MEER IST.

WEDER LAND NOCH MEER
Nationalpark Wattenmeer

Vor der Westküste Schleswig-Holsteins liegt ein einzigartiger Lebensraum: das Wattenmeer. Weder Land noch Meer ist es eine amphibische Welt, die im Wechsel der Gezeiten mal von Wasser bedeckt ist, mal der Luft und Sonne preisgegeben. Das Wattenmeer ist ein extremer Lebensraum, der von Pflanzen und Tieren eine hohe Anpassung fordert.

Aufgrund dieser Einzigartigkeit wurde der schleswig-holsteinische Teil des Wattenmeeres nebst weiten Wasserflächen der Nordsee im Oktober 1985 zum Nationalpark Schleswig-Holsteinisches Wattenmeer erklärt. Mit einer Fläche von 4.410 Quadratkilometern ist er der größte zwischen dem Nordkap und Sizilien. Mehr als zwei Drittel der Fläche – wie zum Beispiel die Walschutzzone vor Sylt – liegt ständig unter Wasser, die periodisch trockenfallenden Wattflächen machen etwa 30 Prozent aus. Die restlichen drei Prozent bestehen aus Sandbänken und Salzwiesen.

Um die Natur zu bewahren, sind weite Teile des Nationalparks nicht für die Öffentlichkeit zugänglich. Hier hat der Schutz der Pflanzen und der Tiere absoluten Vorrang vor Freizeitaktivitäten und anderen konkurrierenden Nutzungen. In anderen Gebieten sind hingegen störungsfreie Einblicke in dieses sensible Ökosystem erlaubt.

Der Nationalpark ist ein vor Leben strotzender Lebensraum. Laut Schätzungen leben hier 5.000 bis 10.000 Arten: einzellige Organismen, Pilze und Pflanzen sowie Tiere wie Würmer, Schnecken und Muscheln, Insekten, Fische, Vögel und Säugetiere. Viele von ihnen sind nicht sichtbar, da sie entweder sehr klein sind oder unter der Wattoberfläche leben. Auf der Durchreise zwischen ihren Brutgebieten in den arktischen Regionen und ihren Überwinterungsgebieten legen jedes Jahr rund 10 bis 12 Millionen Vögel eine Rast im Wattenmeer ein. Hier finden sie genug Nahrung, um sich für die oft Tausende von Kilometern lange Reise zu stärken.

Besucher der berühmten afrikanischen Nationalparks kennen die »Big Five« (Elefant, Löwe, Nashorn, Büffel und Leopard) als die Höhepunkte einer jeden Safari. Analog zu ihnen hat auch der Nationalpark Wattenmeer seine »Big Five« – Seehund, Kegelrobbe, Schweinswal, Seeadler und Europäischer Stör.

Doch damit nicht genug: Neben den großen Tierarten gibt es mit den »Small Five« (Wattwurm, Herzmuschel, Strandkrabbe, Wattschnecke und Nordseegarnele) und den »Flying Five« (Alpenstrandläufer, Brandgans, Austernfischer, Silbermöwe und Ringelgans) je fünf weitere für den Nationalpark typische Tierarten, die exemplarisch die Vielfalt des Lebens im Wattenmeer repräsentieren. Von den Küstenorten aus wird ein breit gefächertes Programm naturkundlicher Watt-Exkursionen angeboten. Die spannenden und zugleich informativen Wattführungen sind bestens geeignet, die kleinen Fünf und ihre Artgenossen kennenzulernen. Etwas schwieriger ist es, die großen Fünf in ihrem Lebensraum zu beobachten. Gute Gelegenheiten, Seehunde zu erleben, bieten sich bei Schiffsexkursionen zu den vor der Küste gelegenen Seehundsbänken. Das Multimar Wattforum in Tönning bietet Einblicke in Welt der Wale und im Großraumaquarium kann man Störe aus nächster Nähe beobachten. Die fliegenden Fünf und alle anderen Vögel sind hingegen überall an den Küsten zu sehen – wobei ein gutes Fernglas durchaus nützlich ist.

Der 26. Juni 2009 war ein weiteres wichtiges Datum für den Nationalpark Schleswig-Holsteinisches Wattenmeer und seine Bewohner. An diesem Tag wurde er zusammen mit dem Wattenmeer-Nationalpark in Niedersachsen und dem entsprechenden Schutzgebiet in den Niederlanden von der UNESCO zum Weltnaturerbe ernannt. Diese hohe Auszeichnung teilt es sich mit anderen weltberühmten Naturwundern wie dem Great-Barrier-Reef in Australien, dem Grand Canyon und den Galápagos-Inseln.

DAS VORLAND VON WESTERHEVER MIT DEM LEUCHTTURM
BEI EINEM FLUG ÜBER DAS WATTENMEER.

EINE NEUE PERSPEKTIVE
Flug über das Wattenmeer

38

Einer meiner Lieblingsplätze – und das im wahrsten Sinne des Wortes – ist der in einem kleinen Flugzeug während eines Fluges über das Weltnaturerbe Wattenmeer. Es gehört zu den beeindruckendsten Erlebnissen, die Welt von oben zu betrachten. Aus der Vogelperspektive bekommt die Landschaft ein anderes Gesicht: Sie verwandelt sich in ein Mosaik aus Wiesen, Feldern, Wäldern und Ortschaften, die durch ein Netz von Straßen verbunden sind. Bekanntes wird auf ungewohnte Weise sichtbar: Der Westerhever Leuchtturm in der Weite des Vorlandes, St. Peter-Ording mit seinen Stränden, das Eidersperrwerk, das Nordseeheilbad Büsum mit seinem idyllischen Hafen.

Am faszinierendsten ist der Flug über das Wattenmeer bei Niedrigwasser. Von oben aus erschließt sich dem Betrachter ein grandioses Bild dieser einmaligen Landschaft, die weder Land noch Meer ist. Jeder Flug wird nicht nur für den Fotografen zu einem neuen Erlebnis. Das Spiel der Gezeiten und die Strömungen formen das Watt ständig neu, und in den feuchten Wattflächen gibt es wechselnde Lichtspiele zu entdecken, die sich fotografisch oder künstlerisch umsetzen lassen.

Auf dem kleinen Flugplatz von St. Peter-Ording kann man Rundflüge über die Inseln und Halligen des Nordfriesischen Wattenmeeres buchen. Früher kam es oft vor, dass die Sportflieger dicht über die Sandbänke brausten und die Badegäste aufschreckten. Für Dithmarscher bietet sich der Flugplatz Heide-Büsum bei Oesterdeichstrich an. Interessant ist das vielleicht für alle, die nicht seefest sind und Helgoland lieber mit dem Flugzeug ansteuern. Im südlichen Dithmarschen gibt es bei St. Michaelisdonn den Flugplatz Hopen, von dem aus man Flüge über den Nord-Ostsee-Kanal und die Elbe machen kann.

Einen Hauch von Freiheit spüren, nicht über den Wolken, sondern zwischen Himmel und Meer am Rande der Welt.

🖉 Einmal im Jahr werden auf den jeweiligen Flugplätzen Flugtage veranstaltet, auf denen Rundflüge zu besonders günstigen Konditionen angeboten werden.

EIN ABENDLICHER SPAZIERGANG IM WATT
IST EIN STIMMUNGSVOLLER TAGESABSCHLUSS.

ÜBER DEN GRUND DES MEERES LAUFEN

Im Watt nördlich von Büsum

39

Es ist Sommer – und endlich Feierabend. Ein Blick in den Gezeiten-kalender: Passt! Dann nichts wie los. Wohin? Einen arbeitsreichen Tag beende ich gern mit einem Spaziergang im Watt. Das ist Erholung pur. Die Sonne im Meer versinken sehen. Dem Wasser zuschauen, wie es sich bei Flut lautlos das Land zurückerobert. Die Stille »hö-ren«, die nur durch die Schreie einiger Vögel unterbrochen wird. Das Bewusstsein, dort zu laufen, wo vor einigen Stunden noch der Grund der Nordsee war. Wohltuend ist es auch, die massierende Wirkung der Rippeln im Watt unter den Fußsohlen zu spüren. Und es darf sich schon mal etwas Schlick keck zwischen die Zehen hindurchzwängen. Auf diese Weise die einzigartige Welt des Watts zu genießen, ist ent-spannend, fast schon meditativ und sehr persönlich.

Meine Kamera ist immer dabei, sie ist ein weiteres Auge für mich und fängt die Momente ein, die ich teilen möchte. Für mich ist das Fotografieren nicht nur Beruf, sondern Berufung und wenn mich Menschen auf Ausstellungen ansprechen und sagen, dass sie genau das empfunden haben, was ich in meinem Bild ausdrücken wollte, bin ich glücklich.

Das Watt kann man aber auch ganz anders erleben, feiern, muss man eher sagen – seit 1900 wird in Büsum die Wattenpolonaise mit Musik zelebriert. Damals tanzten die Herrschaften in weißen Klei-dern der Jahrhundertwende durch den Schlick – eine Vergnüglichkeit, die heute noch als »Wattenlaufen mit Musik« zu den touristischen Zugpferden gehört. Und der Spaß steht auch in Friedrichskoog an erster Stelle, wenn Neptun die Badegäste mit Nordseewasser tauft.

Das Wattenlaufen lässt sich auf vielerlei Art erleben. Doch wo-für man sich auch entscheidet, es ist stets ein besonderes Erlebnis. Und ein gesundes ist es allemal, denn die Bewegung in der jodhalti-gen Nordseeluft regt den Kreislauf an und stärkt die Abwehrkräfte.

✎ Wer allein ins Watt geht, muss unbedingt auf Ebbe und Flut ach-ten. Weite Wanderungen sollten nur mit ortskundigen Führern unternommen werden.

DAS NATURZENTRUM KATINGER WATT LIEGT INMITTEN EINER IDYLLISCHEN GARTENANLAGE.

NATURZENTRUM KATINGER WATT ///
KATINGSIEL 14 /// 25832 TÖNNING /// 0 48 62 / 80 04 ///
WWW.SCHLESWIG-HOLSTEIN.NABU.DE/NATURERLEBEN/ZENTREN/
KATINGERWATT/ ///

Die kleine Leonie ist ganz begeistert. Sie balanciert auf ihrem rechten Bein und hüpft von einem Spielfeld zum nächsten. Ihre Großmutter hat ihr dieses »Hinkepott« genannte Hüpfspiel erklärt, das ihr und ihren Freundinnen viel Freude bereitet hat, als sie noch Kinder waren. Und weil es so viel Spaß macht, probiert Leonie danach auch das Seilspringen und Stelzenlaufen aus.

Leonie und ihre Großmutter besuchen das Naturzentrum Katinger Watt. Kaum auf dem Gelände, haben sie schon den ersten Stopp eingelegt, da es bereits nach wenigen Metern spannende Überraschungen zu entdecken gibt – wie die alten Spiele, die schon ihre Eltern und Großeltern geliebt haben.

Das vom Naturschutzbund Deutschland betriebene Naturzentrum wartet mit ausführlichen, aber leicht verständlichen Informationen über die vielfältige Fauna und Flora des Gebietes auf, das 1973 durch den Bau des Eidersperrwerks entstanden ist.

Bereits das Beispiel mit den alten Spielen zeigt, dass das Angebot des Naturzentrums weit über Informationen zur Natur und deren Schutz hinausgeht. Es ist eine gelungene Mischung aus Umweltbildung und Information, aus Anschauen und Selbst-Aktiv-Werden. So verdeutlicht ein Raupen-Terrarium den Weg von der Raupe zum Schmetterling, eine Reihe von Aquarien das Leben in Tümpel, Fluss und Gräben. Ganz begeistert ist Leonie auch von dem kleinen Parcours, in dem sie mit verbundenen Augen Dinge ertasten muss. Und auch das Flaschenorchester findet sie spannend.

Ein 13 Meter hoher Beobachtungsturm und drei Beobachtungshütten gestatten ungestörte Einblicke in das Leben auf den geschützten Wiesen- und Wasserflächen. Unvergesslich war für mich der Anblick eines majestätisch über den Bäumen kreisenden Seeadlers. Der Raubvogel ist leider viel zu selten geworden und hat doch einmal zum Vogelbestand der Küstenregionen gehört.

✍ Wer die Vogelwelt im Katinger Watt ganz spontan auf eigene Faust erkunden möchte, kann sich im Naturzentrum Ferngläser und Spektive ausleihen.

NEBEN LANDWIRTSCHAFTLICHEN PRODUKTEN WIRD IN DITHMARSCHEN AUCH WIND GEERNTET.

DITHMARSCHEN

FAST EINE INSEL

Dithmarschen

Mehr als 20 Jahre lang habe ich im Großraum Düsseldorf gelebt und gearbeitet. Da ich meine norddeutsche Aussprache nicht verheimlichen konnte – und es auch nicht wollte – wurde ich des Öfteren gefragt, wo ich herkomme. Die wahrheitsgemäße Antwort »Aus Dithmarschen!« wurde meist mit einer Reihe von Gegenfragen quittiert: »Wo kommst du her? Aus Dithmarschen? Wo liegt das denn?«

Auf meine geografisch sehr exakte Antwort – »An der Westküste Schleswig-Holsteins, nördlich der Elbe, östlich der Nordsee, südlich der Eider und westlich des Nord-Ostsee-Kanals« – folgte zunächst Unverständnis, dann unweigerlich die nächste Frage: »Welche größere Stadt liegt denn in der Nähe?« Ja, daraufhin musste ich jedes Mal passen und habe weitere Erklärungsversuche aufgegeben. Mit einer größeren Stadt konnte ich wirklich nicht aufwarten, zumal in Nordrhein-Westfalen etwas anderes unter dem Begriff »größere Stadt« verstanden wird als hier bei uns.

Ein paar Kilometer südlich von Hamburg sieht die Situation hingegen schon anders aus. Spricht man dort mit jemanden über Dithmarschen, fallen demjenigen meist schon nach kurzer Überlegung die Begriffe »Urlaub an der Nordsee«, »Dithmarscher Kohl« und »Büsumer Krabben« ein.

Ja, der Landkreis Dithmarschen ist eine ländlich geprägte Region mit vielen Dörfern und fünf Kleinstädten: der Kreisstadt Heide (mit etwa 20.000 Einwohnern zugleich auch die größte Stadt Dithmarschens), Brunsbüttel, Meldorf, Marne und Wesselburen. Dafür findet man im Kreisgebiet auf relativ kleiner Fläche eine Vielfalt unterschiedlicher Landschaftsformen. Die Küstenregion der Nordsee, die Flusslandschaften der Elbe und der Eider, die üppigen Weiden und fruchtbare Äcker in den Marschen, die Moore in den Niederungen sowie die sandige Geest mit ihren ausgedehnten Wäldern und den von Knicks (mit Büschen und Bäumen bestandene Erdwälle) gesäumten Feldern.

Wie bereits gesagt, ist Dithmarschen von Wasser umgeben. Daher kann man Dithmarschen trockenen Fußes nur per Flugzeug,

Schiff oder über Brücken und Fähren erreichen. Die vier Gewässer könnten nicht unterschiedlicher sein. Die von Ebbe und Flut geprägte Nordsee im Westen, die vielbefahrene Elbe im Süden, der Nord-Ostsee-Kanal als weltweit meistbefahrene künstliche Wasserstraße im Osten und die idyllisch anmutende Eider im Norden.

Die Fischerhäfen Büsum und Friedrichskoog sind die bekanntesten Urlaubsorte Dithmarschens. Die beiden Orte bieten dem Feriengast die nötige Infrastruktur für einen abwechslungsreichen und erholsamen Urlaub.

Neben dem Tourismus spielen die Landwirtschaft und die Küstenfischerei eine wirtschaftliche Rolle. Mit fangfrischen Büsumer Krabben und dem Dithmarscher Kohl, der in den fruchtbaren Marschgebieten bestens gedeiht, wartet die Region mit zwei Spezialitäten auf, die weit über die Grenzen des Kreisgebietes hinaus bekannt sind. Neben landwirtschaftlichen Produkten wird in Dithmarschen auch Wind zur Energiegewinnung geerntet. Heftig umstritten, sind die »Windspargel« vor allem in den Marschgebieten zu einem landschaftsprägenden Element geworden.

Man mag es nicht mit einer ländlichen Region in Verbindung bringen, aber auch auf dem Gebiet der Energiegewinnung ist in Dithmarschen Pionierarbeit geleistet worden. Bereits 1856 wurde hier begonnen, gezielt nach Erdöl zu bohren. Die mit einfachen Handgeräten durchgeführte Bohrung hatte jedoch keinen Erfolg, da lediglich ölhaltige Kreide gefunden wurde. Erst drei Jahre später begann in den Vereinigten Staaten der große Erdöl-Boom, als das begehrte »Schwarze Gold« in nur wenigen Metern Tiefe gefunden wurde. Und ein zu Beginn des 20. Jahrhunderts gebauter Leuchtturm in Büsum bezog die Energie für seine elektrischen Lampen aus Windkraft.

Werner Siems

TROTZ VIELER WASSERBAUTECHNISCHER MASSNAHMEN
IST DIE EIDER IMMER NOCH EIN IDYLLISCHER FLUSS,
DER ZUM VERWEILEN UND ZU SCHIFFSTOUREN EINLÄDT.

»Zunächst fährt man von hier aus also den reizenden Eiderfluss hinauf, der sich in unzähligen Krümmungen dahinwindet. Oft kommt man ganz nahe an dem Punkt wieder zurück, wo man vorher war, und ich schätze die Länge der Wasserstraße von Tönning nach Rendsburg zu mindestens hundertfünfzig Kilometer, während die Luftlinie gewiss nicht mehr als etwa achtzig beträgt.«

Das schrieb Paul Verne, der Bruder des berühmten Schriftstellers Jules Verne, in das Bordbuch, als beide im Juni 1881 von Tönning aus mit Jules Vernes Privatjacht den Fluss aufwärts fuhren. Von Rendsburg aus gelangten sie dann durch den Schleswig-Holsteinischen Kanal nach Kiel und weiter nach Kopenhagen.

Die Eider ist der größte Fluss Schleswig-Holsteins. Mit Beginn des 9. Jahrhunderts wurde sie zur Nordgrenze des Frankenreiches, dann zur Grenze zwischen Dänemark und Deutschland. Sie trennt die Landesteile Schleswig und Holstein sowie die Regionen Eiderstedt und Dithmarschen. Doch der Fluss ist nicht nur Grenze; als Handelsweg war er von alters her auch stets ein verbindendes Element.

In der Vergangenheit hat die südlich von Kiel entspringende Eider viel über sich ergehen lassen müssen. Der Fluss wurde eingedämmt und mit Sperrwerken versehen, er wurde zerstückelt und weite Teile verschwanden im Nord-Ostsee-Kanal. Trotz alledem hat der Oberlauf von Rendsburg bis zur Nordsee viel von seinem ursprünglichen Charme bewahren können: Wie vor über 100 Jahren mäandriert er durch die weiten grünen Niederungsgebiete und lädt zum geruhsamen Verweilen an den Ufern oder zu entspannenden Kanutouren ein.

Mit der Entfernung zwischen Tönning und Rendsburg mag sich Paul Verne zwar verschätzt haben, mit dem kurvenreichen Verlauf aber nicht: Knapp 100 Flusskilometer liegen zwischen den beiden Städten, während die Luftlinie gerade einmal 45 Kilometer beträgt.

✐ Es werden Schiffsausflüge von Tönning nach Rendsburg angeboten, auf denen sich die beschauliche Reise von Jules Verne nachvollziehen lässt.

EIDERSPERRWERK /// 25764 WESSELBURENERKOOG ///
WWW.WSA-TOENNING.WSV.DE/BAUWERKE/EIDER_SPERRWERK/ ///

SCHÜTZENDE TORE UND BRÜTENDE SEESCHWALBEN

Eidersperrwerk

42

So mancher wird überrascht sein, wenn er von Mai bis Juli das Eidersperrwerk besucht. Dann wird er von emsigem Flugbetrieb und dem vielstimmigen Durcheinander Hunderter Vogelstimmen empfangen. Verursacher ist eine gemischte Brutkolonie von Küstenseeschwalben und Lachmöwen, die sich direkt an Deutschlands größtem Küstenschutzbauwerk gebildet hat.

Normalerweise bevorzugen die Tiere abgelegene, vor Störungen sichere Gebiete. Doch hier haben sie sich an die Besucher gewöhnt und fühlen sich von ihnen nicht beeinträchtigt. So bietet sich die an der Westküste einmalige Gelegenheit, das Brutgeschehen und die Jungenaufzucht von Seevögeln aus nächster Nähe zu beobachten. Das Brutareal ist eingezäunt und darf nicht betreten werden. Trotzdem ist Vorsicht geboten, da es vorkommen kann, dass die Seeschwalben und Möwen einen allzu aufdringlichen Besucher attackieren.

Nicht nur die Brutkolonie lockt Neugierige ans Bollwerk gegen die Nordseefluten – die gewaltige Anlage selbst ist ein beliebtes Ausflugsziel. Nach fünfjähriger Bauzeit wurde das Eidersperrwerk im März 1973 eingeweiht. Es dient sowohl dem Schutz vor Sturmfluten als auch der Entwässerung des Binnenlandes. Ins Auge fällt beim ersten Ansehen das 224 Meter lange Sielbauwerk mit den fünf großen, je 40 Meter breiten Fluttoren. Von den beweglichen Segmenten zu beiden Seiten bringt jedes einzelne immerhin 250 Tonnen auf die Waage.

Im Sommer sollte man etwas Wartezeit einplanen, wenn man mit dem Wagen durch den Tunnel des Sperrwerks nach Dithmarschen fahren möchte. Es kommt durchaus häufig vor, dass Schiffe die Schleuse des Sperrwerks passieren und man vor der hochgeklappten Straßenhälfte zu einer Pause gezwungen wird. Die Wartezeit lässt sich mit einem kurzen Deichspaziergang vertreiben, denn ein Blick auf das Meer dahinter lohnt sich allemal.

⌖ Von Mai bis September werden vom Tourismusverein Wesselburen und Umland Führungen im Sperrwerk angeboten. Weitere Infos unter 048 33 / 41 01.

VOM RESTAURANT BLICKT MAN DIREKT IN DIE MODERNE KÜCHE, IN DER DIE KOCHKURSE STATTFINDEN.

BI UNS TO HUUS /// REVELER WEG 6 /// 25764 SCHÜLPERWEIDE /// 0 48 33 / 42 92 24 /// WWW.TANJA-MOELLER-KOCHSCHULE.DE ///

»BI UNS TO HUUS« SCHMECKT'S AM BESTEN
Schülperweide – Kochschule Tanja Möller

43

»Also irgendwo am Ende der Welt.« So endet meist meine Wegbeschreibung, wenn ich jemandem erkläre, wie man *Bi uns to Huus*, die Kochschule und das Restaurant von Tanja Möller findet. Unweit des Eidersperrwerks fährt man durch satt grünes Weideland und kann Kutter oder Segler bei der Anfahrt auf die Schleusen sehen. Kommt unter altem Baumbestand ein weißgetünchtes Reetdachhaus in Sichtweite, ist man richtig.

Innen erwartet den Gast eine Mischung aus Alt und Neu, moderne Küchentechnik und museale Einrichtungsstücke werden charmant bunt gemischt. Tanja Möller schloss ihre Ausbildung mit Auszeichnung zur besten Köchin Schleswig-Holsteins ab und bietet das ganze Jahr über Kochkurse an. Mittelpunkt ihrer Schule ist das Küchenstudio, in dem bis zu 20 Personen gleichzeitig an Töpfen und Pfannen aktiv sein können.

Selbst einen Kochmuffel wie mich konnte die quirlige Tanja mit ihrer Begeisterung für frische, regionale Produkte anstecken. »Nur Mut, das Gemüse beißt nicht«, sagte sie lachend und beherzt zerschnitt ich den grünen Spargel. Als ich dann noch lernte, wie man einen Fisch fachgerecht ausnimmt, fühlte ich mich fast wie ein Chefkoch. Naja, fast … Der Duft von gebratenem Fisch und Kräutern stieg mir in die Nase, als die saftige Seezunge hübsch dekoriert an gebratenem grünem Spargel auf meinem Teller lag. Jetzt war ich schon stolz, dass mir das Gericht so gut gelungen war – auch, wenn es ohne fachliche Hilfestellung nicht ganz so gut geschmeckt hätte.

Wer nicht selbst kochen und sich lieber verwöhnen lassen möchte, findet dazu im Restaurant nebenan Gelegenheit. Die Wartezeit auf das Essen wird nicht lang, weil es skurrile historische Raritäten wie eine 1,2 Tonnen schwere englische Telefonzelle, eine Schiffsbar von 1893 oder alte Küchenherde zu bestaunen gibt.

DER GESCHLECHTERFRIEDHOF AN DER LUNDENER
ST.-LAURENTIUS-KIRCHE ZEUGT VOM WOHLSTAND UND DER MACHT
DER EINSTIGEN BAUERNREPUBLIK DITHMARSCHEN.

GESCHLECHTERFRIEDHOF LUNDEN /// CLAUS-HARMS-STRASSE ///
25774 LUNDEN /// 0 48 82 / 3 60 (KIRCHENBÜRO) ///

Peter Swyn aus dem Geschlecht der Wurtemannen war 1537 in einer heiklen Mission unterwegs: Er wollte für notwendige Reformen werben – unter anderem auch für ein Gesetz zur Abschaffung der Blutrache. Doch der Auftrag verlief alles andere als glücklich. Auf dem Rückweg wurde er von seinen Gegnern ermordet. Dieser politische Mord wurde auf einem der Steine des Lundener Geschlechterfriedhofs festgehalten. Eine dramatische Szene zeigt, wie der Mann vom Pferd gerissen und erstochen wird.

Der Sühnestein für Peter Swyn ist eine von insgesamt 66 Grabplatten und Stelen des Geschlechterfriedhofs der Lundener St.-Laurentius-Kirche. Als einer der ältesten Friedhöfe an der Westküste geht er auf das ausklingende Mittelalter zurück.

Ein weiteres bedeutendes Grabmal ist die Stele für die Familie der Nannen. Auf der Vorderseite des prächtigen Steines befindet sich die Darstellung des Jüngsten Gerichts, während die Namen der verstorbenen Familienmitglieder auf der Rückseite der Stele aufgelistet sind.

Die eindrucksvollen Grabmale sind Zeugen einer denkwürdigen Epoche der Dithmarscher Geschichte: die Zeit der Dithmarscher Bauernrepublik, die 1559 mit der Eroberung durch die Truppen des holsteinischen Herzogs und des dänischen Königs endete. Peter Swyn war eine der bedeutendsten Persönlichkeiten jener Zeit. Er war einer der 48 Regenten, die das Dithmarschen zur Zeit der Bauernrepublik regierten und Recht sprachen.

Die Zeit der von adliger Herrschaft unabhängigen Bauernrepublik war auch eine Zeit großen Wohlstandes. So brachten die wohlhabenden Bauernfamilien ihren Stolz und ihren Reichtum durch repräsentative, bis zu zwei Tonnen schwere Grabplatten und die aufrecht stehenden Stelen sowie durch Grabgewölbe zum Ausdruck. Von den einst 19 Grüften sind noch 13 erhalten.

☞ Auf Anfrage bietet die Lundener Kirchengemeinde Führungen über den Geschlechterfriedhof an. Dabei können auch Grabgewölbe besichtigt werden.

ANLEGESTELLE DER BARGENER FÄHRE /// ZUR ALTEN FÄHRE ///
25788 DELVE /// WWW.BARGENER-FAEHRE.DE ///

»Fährmann, hol över!« Dieser Ruf dürfte in den vergangenen Jahrhunderten wohl oft zwischen Delve und Bargen über die Eider hinweg erschollen sein. Mitte des 16. Jahrhunderts wurde die Bargener Fähre erstmals erwähnt. Zunächst wurden Kähne eingesetzt, zu Beginn des 19. Jahrhunderts die erste Fähre. Bis 1950 wurde sie noch per Hand am Seil über den Fluss gezogen, erst 1951 kam die erste motorisierte Fähre zum Einsatz. Der Betrieb wurde 1961 eingestellt, als eine neue Brücke über die Eider eingeweiht wurde.

Erst im 21. Jahrhundert, am 26. Mai 2001, wurde die historische Fährverbindung wieder aufgenommen und verbindet seitdem erneut die Menschen zu beiden Seiten des Flusses. Der markante Ruf ist heute nicht mehr zu hören. Dafür wurden an den Anlegestellen Glocken angebracht, mit denen die Fähre bei Bedarf gerufen werden kann. Von Mai bis September gibt man dem Fährmann einen Obolus, damit er Fußgänger und Radfahrer über die Eider befördert.

In den vergangenen Jahrhunderten mag sich vieles geändert haben, das Leben ist schneller geworden. Doch davon ist hier nichts zu spüren. Die Fähre hat ihr eigenes Tempo, daran ist nicht zu rütteln. Hier findet eine natürliche Entschleunigung statt. Und so manches Lächeln entlockt der freundliche Fährmann hektischen Radlern, wenn er ihnen gelassen hilft, das Fahrrad auf die Fähre zu hieven.

Neben dem regulären Fährbetrieb werden Sonderfahrten angeboten: Naturerlebnisfahrten in den frühen Morgenstunden, stimmungsvolle Dämmerungsfahrten, Touren mit Musik und Platt, aber auch Fahrten, auf denen regionale Spezialitäten angeboten werden. Nach Terminabsprache können auch Sonderfahrten bis maximal 28 Personen gebucht werden. Und wer auf ausgefallene Art in den Hafen der Ehe einlaufen möchte: Auf der Fähre sind auch Trauungen möglich.

✆ Anfragen und Anmeldungen zu den Sonderfahrten: Gasthof Dührsen, Schulstraße 2, in 25788 Delve-Schwienhusen, 04803/255, www.gasthof-duehrsen.de.

DURCH DEN FLACH IN DIE EIDER ABFALLENDEN SANDSTRAND
IST DIE BADESTELLE SCHWIENHUSEN BEI KINDERN WIE ERWACHSENEN
GLEICHERMASSEN BELIEBT.

BADESPASS IM LÄNGSTEN FLUSS SCHLESWIG-HOLSTEINS

Badestellen an der Eider

Es muss nicht immer die Nordsee sein, wenn Wasserratten sich abseits von Freizeit- und Freibädern ins abkühlende Nass stürzen wollen. Auch in der Eider, dem längsten Fluss in Schleswig-Holstein, kann man sommerliches Badevergnügen in freier Natur genießen – drei offizielle Naturbadestellen bieten sich auf der Dithmarscher Seite der Eider an.

Nur wenige Kilometer von der Straßenbrücke bei Tönning entfernt liegt die Badestelle von Wollersum, dem ehemaligen Hafen des benachbarten Lunden. Selbst an heißen Sommertagen ist es hier eher ruhig. Badegäste gelangen über einen etwa 20 Meter langen Steg ins tiefe Wasser der Eider. Allerdings sollten nur geübte Schwimmer hineingehen, weil Ebbe und Flut starke Strömungen verursachen können. Wollersum bietet Badegästen eine Dusche, Bänke und einen Tisch. Es gibt jedoch keine Toilette und für Hunde besteht Leinenpflicht.

Der Hennstedter Ortsteil Horst liegt gleich hinter der Schleuse Nordfeld. Hier sind Ebbe und Flut nicht mehr spürbar. Über eine kleine Treppe geht es direkt ins Wasser der Eider. Neben der großen Liegewiese befindet sich ein Beachvolleyball-Feld, das von den Badegästen genutzt werden kann. Es ist keine Dusche vorhanden, dafür jedoch eine Toilette.

Bei Kindern, Jugendlichen und Erwachsenen gleichermaßen beliebt ist die Badestelle Schwienhusen, einem Ortsteil von Delve. Sie liegt unmittelbar neben dem Anleger der Bargener Fähre und ist dadurch für Radfahrer gut zu erreichen. Seicht fällt der Sandstrand hier ins Eiderwasser ab und ist als Badestelle besonders für Familien mit Kindern geeignet. Auf der Liegewiese lässt es sich gemütlich an Tischen picknicken. Leider sind Hunde nicht erlaubt. Eine Toilette ist vorhanden und in der Schutzhütte finden sowohl Fähr- als auch Badegäste Unterschlupf, wenn das Wetter plötzlich umschlägt.

✍ An keiner der drei anerkannten Badestellen muss man Eintritt zahlen, es gibt aber auch keine Badeaufsichten. Die Wasserqualität wird regelmäßig geprüft.

135

KRAUTMEISTER HUBERT NICKELS ZEIGT SEIN PRODUKT
»SAUERKRAUT MIT JIAOGULAN«.

KOHLOSSEUM /// BAHNHOFSTRASSE 20 A /// 25764 WESSELBUREN ///
0 48 33 / 4 58 90 /// WWW.KOHLOSSEUM.DE ///

HIER DREHT SICH ALLES UM KOHL
Wesselburen – Kohlosseum

»Was Sie hier riechen, das ist die Frische Dithmarschens«, sagt Kraut-meister Hubert Nickels, als er den Besuchern der Krautwerkstatt im Wesselburener Kohlosseum eine Schüssel fein geschnittenen Weiß-kohl entgegenhält. Der Kohl bildet die Basis für milchsaures Sauer-kraut, dessen Herstellung Hubert Nickels den aufmerksam lauschen-den Zuhörern erklärt und praktisch vorführt.

Hier erfährt der Besucher viel Wissenswertes über Kohl und Sauerkraut. Zum Beispiel dass rohes Sauerkraut am gesündesten sei, da es noch alle wertvollen Bestandteile enthalte. Anschließend erfolgt eine Verkostung der hier hergestellten Sauerkrautprodukte.

Das Wesselburener Sauerkraut wird nach einem besonderen Verfahren in einem Glasgefäß milchsauer vergoren. Bei der Her-stellung ist die hohe Qualität der verwendeten Zutaten wichtig. Der Weißkohl stammt aus ökologischem Anbau, das Steinsalz aus einer Tiefe von 450 Metern. Zudem kreiert Hubert Nickels diverse Sauer-kraut-Salate, darunter einen mit Jiaogulan, einer chinesischen Heil-pflanze, die auch als »Pflanze der Unsterblichkeit« bekannt ist.

Die Krautwerkstatt ist der Mittelpunkt des am südlichen Ort-seingang von Wesselburen gelegenen Kohlosseums. In dem histo-rischen Gebäude einer ehemaligen Sauerkrautfabrik dreht sich alles um Kohl – das gesunde Gemüse, das in Dithmarschen zu Hause ist. Neben der Krautwerkstatt gehören zum Kohlosseum auch ein Bau-ernmarkt und ein Kohlmuseum.

Im Bauermarkt wird neben den Erzeugnissen der Krautwerkstatt auch eine große Auswahl an Produkten aus der Region angeboten.

Anhand alter Ackergeräte wird im Kohlmuseum gezeigt, wie sich der Kohlanbau geändert hat. Neben Kohlpflanz- und Kohl-schneidemaschinen sind auch diverse Kohlverarbeitungsgeräte, höl-zerne Sauerkrautfässer und historische Bilder ausgestellt.

🕐 Die Zeiten der Vorführungen mit anschließender Verkostung sind dem Internet zu entnehmen. Für Gruppen können geson-derte Termine vereinbart werden.

AUF DEM HEIDER WOCHENMARKT WIRD
VIEL FRISCHES GEMÜSE DIREKT VOM ERZEUGER ANGEBOTEN.

MARKTPLATZ /// 25746 HEIDE ///

MARKTTAG SEIT MEHR ALS 500 JAHREN
Heider Wochenmarkt

47

Sonnabend – in Heide ist Markttag. Für mich gehört es zum beginnenden Wochenende einfach dazu, über den Markt schlendern, mit den Leuten zu plaudern, mich vom Angebot inspirieren zu lassen und ein paar Vorräte zu kaufen. Aber auch für zahlreiche Feriengäste ist der Besuch des Heider Wochenmarktes ein fester Bestandteil ihres Urlaubsprogramms.

Mit einer Fläche von 4,7 Hektar ist der im Zentrum der Kreisstadt gelegene Marktplatz der größte unbebaute von Deutschland. Bereits in der Mitte des 15. Jahrhunderts wurde er in seiner heutigen Größe abgesteckt – in einer Zeit, als Heide lediglich ein kleiner Flecken auf der Westseite des Platzes war.

Bis zum heutigen Tage wird auf dem Marktplatz jeden Sonnabend der Wochenmarkt abgehalten. Wie vor 100 Jahren lockt das quirlige, bunte Treiben des Marktes auch heute noch zahlreiche Käufer und »Seh-Leute« an. Und bis heute kommen die Händler und Erzeuger überwiegend aus der Region und bieten eine große Auswahl an knackigem Obst und feldfrischem Gemüse, Fisch und Fleisch, Käse, Brot und Eiern sowie Blumen, Textilien und anderen schönen Dingen an. Hauptberufliche Händler sind ebenso vertreten wie private Verkäufer mit selbstgemachter Marmelade und Eiern von eigenen Hühnern.

Der Gang über den Wochenmarkt ist zugleich auch ein sinnliches Erlebnis: die vielen Menschen, die unterschiedlichen Düfte, die ganz eigene Geräuschkulisse. Und immer wieder gibt es Neues zu entdecken. Wer an manchen Markttagen genau hinhört, wird auch kräftiges Geschnatter und Gegacker vernehmen. Dann nähert er sich der Marktzeile mit den Kleintieren – auch eine Besonderheit, die sich bis heute gehalten hat. Die Stände mit den Kaninchen, Hühner- und Entenküken begeistern vor allem die Kinder – wo sonst bekommen sie kleine Tiere von so Nahem zu sehen?

✍ Da der Marktplatz inmitten der Kreisstadt liegt, lohnt sich nach dem Marktbesuch ein Bummel durch die umliegenden Geschäfte und Restaurationsbetriebe.

DAS BRAHMSHAUS IN HEIDE. HIER WURDE 1806 JOHANN JAKOB BRAHMS, DER VATER DES KOMPONISTEN JOHANNES BRAHMS GEBOREN.

BRAHMSHAUS /// LÜTTENHEID 34 /// 25746 HEIDE /// 04 81 / 6 31 86 /// WWW.BRAHMS-SH.DE ///

KLAUS-GROTH-MUSEUM /// LÜTTENHEID 40 /// 25746 HEIDE /// 04 81 / 6 37 42 /// WWW.GROTH-GESELLSCHAFT.DE/MUSEUM ///

Die drei jungen Koreanerinnen blicken in Lüttenheid verwundert um sich: Straßen, die mit Kopfsteinen gepflastert sind, haben sie noch nie gesehen. Sie kennen nur die breiten Asphaltwege ihrer Heimatstadt Seoul.

Lüttenheid ist das alte Handwerkerviertel der heutigen Kreisstadt Heide. Doch die alte Straße dieses eher unscheinbaren Fleckens hat es in sich: In zweien der kleinen, noch erhaltenen Häuser liegen die Wurzeln zu bedeutender Literatur und Musik. Und das ist auch der Grund, warum die jungen Frauen aus der südkoreanischen Metropole hierhergekommen sind: Sie statten dem Stammhaus des Komponisten Johannes Brahms (1833–1897) einen Besuch ab.

Heute ist das Brahmshaus der Sitz der Brahms-Gesellschaft Schleswig-Holstein, die das Haus in ein Museum und kulturelles Zentrum umgewandelt hat. Schnell entwickelte es sich zu einem kulturellen Anziehungspunkt der Region. Zahlreiche Fotodokumente, Faksimiles, Portraits und Musikalien informieren über das Leben und das Werk des bedeutenden Komponisten. Glanzstück der Sammlung ist ein Tafelklavier aus dem Jahr 1855, auf dem Johannes Brahms und Clara Schumann zusammen gespielt haben dürften. Kleine Konzerte und Vorträge runden das kulturelle Angebot im Brahmshaus ab.

Nur wenige Schritte entfernt steht das Geburtshaus des Dichters Klaus Groth (1819–1899), der die niederdeutsche Sprache zu einer Literatursprache erhoben hat. Heute ist dort das Klaus-Groth-Museum als Teil der Museumsinsel Lüttenheid untergebracht. Klaus Groth ist der Verfasser der 1853 erschienenen niederdeutschen Gedichtsammlung *Quickborn*. Der Gedichtband machte den Verfasser mit einem Schlage berühmt, denn das Büchlein begleitete viele Auswanderer auf ihrer Reise in die Neue Welt und wurde zum Bestseller.

Johannes Brahms und Klaus Groth blieben zeitlebens durch eine enge Freundschaft verbunden.

🖉 Neben dem Klaus-Groth-Museum umfasst die Museumsinsel Lüttenheid auch das sehenswerte Stadtmuseum, in dem auch Kunstausstellungen zu sehen sind.

ES GEHÖRT ZU DEN UNVERGESSLICHEN KULTURELLEN ERLEBNISSEN,
WENN DIE JAZZINITIATIVE DITHMARSCHEN KONZERTE IM GLASHAUS
DER ALTEN GÄRTNEREI OESTERREICH VERANSTALTET.

ALTE GÄRTNEREI OESTERREICH /// TIVOLISTRASSE 22 ///
25746 HEIDE /// 04 81 / 6 75 37 /// WWW.GARTEN-OESTERREICH.DE ///

Ähnlich wie mir mag es vielen ergangen sein, die das Glück hatten, die Alte Gärtnerei Oesterreich zu entdecken. Überrascht habe ich mich umgeblickt und konnte nicht glauben, dass ich all die Jahre an diesem Idyll inmitten der Stadt vorbeigegangen bin. Von der Einkaufsstraße muss man eigentlich nur durch eine verwinkelte Gasse spazieren und steht nach wenigen Minuten vor einem Gartenparadies: altes Fachwerk, Efeu, barocke Buchshecken und dahinter ein historisches Gewächshaus mit gepflegtem Garten, in dem sich Schaf und Hühner tummeln.

In der etwa 5.000 Quadratmeter großen Außenanlage finden sich ein Gemüsegarten, ein Teich und eine begehbare Kräuterspirale. Den Mittelpunkt der Gärtnerei bildet ein großes gläsernes Gewächshaus voller botanischer Kostbarkeiten. Ein großer Feigenbaum markiert den Mittelpunkt des Glashauses und verströmt mediterranes Flair. Wer nach besonderen Gehölzen, Stauden und Kräutern oder nach besonderen Garten-Accessoires sucht, wird in der Alten Gärtnerei bestimmt fündig werden.

Mein persönliches Highlight waren aber, das gebe ich gern zu, die selbstgebackenen Kuchen von Hausherrin Judith Oesterreich. Immer stärker wurde auf meinem Spaziergang durch den verwunschenen Garten der Duft von Kaffee und Gebackenem. Und endlich fand ich in einem der alten Gewächshäuser ein kleines Café. Hier serviert Judith ihre kreativen Kuchen und Torten, die oft einen Bezug zur Gärtnerei haben – sind die Feigen reif, wandern sie in einen köstlichen Kuchen. Rankende Pflanzen und ein großer Bollerofen für kühlere Tage geben dem kleinen Gewächshauscafé seine spezielle Atmosphäre. Im Sommer werden die süßen Köstlichkeiten in der großen Gartenanlage serviert. Oft veranstalten Judith und ihr Mann Konzerte oder Lesungen – dann erfüllen neben dem Duft von Jasmin auch Worte und Musik den gläsernen Raum mit dem großen Feigenbaum.

✿ Ein Programm mit Themen rund um den Garten und kulturelle Veranstaltungen (etwa Jazzkonzerte im Glashaus) runden das Erlebnis Alte Gärtnerei ab.

DAS NÄCHSTE FRUNSBEER FINDET IM JUNI 2016 STATT.

FRUNSBEER – TANZ UNTER DEM PANTOFFEL
Nordhastedt

50

Der Anblick ist furchterregend: Mit wildem Geschrei greift eine Räuberbande das kleine Dorf Nordhastedt an. Die Männer wehren sich nach Kräften, doch gegen die kampferprobten Räuber haben sie keine Chance. Als der Kampf verloren scheint, greifen die Frauen – sie kochen gerade Hirsebrei – beherzt in das Geschehen ein. Indem sie den Angreifern den heißen Brei entgegen schleudern, wenden sie das Kampfgeschehen zugunsten des Dorfes und die Bande kann gefangen genommen werden.

Keiner weiß genau, wann der Überfall stattgefunden hat. Wahrscheinlich ist aber, dass sich alles genau so zu Beginn des 17. Jahrhunderts zugetragen hat. Seitdem wird in Nordhastedt alle drei Jahre an einem Sonnabend um Johanni (24. Juni) zu Ehren der mutigen Frauen das traditionelle Frunsbeer (Frauenfest) gefeiert.

Das Fest beginnt mit der Aufführung des Freilichtspiels, in dem Überfall und die Gefangennahme der Räuber nachgestellt werden. Anschließend wird die besiegte Bande in einem großen Festumzug durch die geschmückten Straßen geführt. Viele Teilnehmer tragen historische Kleidung, sodass sich den Zuschauern am Straßenrand ein farbenprächtiges Bild bietet. Vom Festzug aus werden Getränke und Süßigkeiten verteilt und auch die Teilnehmer des Umzuges mit Getränken, Kuchen, Broten oder Würstchen versorgt.

Schließlich müssen sie bei Kräften bleiben, denn die gefangenen Räuber versuchen ständig auszubrechen. Beim Einfangen der Bande kommt es zum Vergnügen der Zuschauer immer wieder zu kleinen Scharmützeln.

Die abendliche Siegesfeier überrascht den unbedarften Besucher mit einem großen Pantoffel, der von der Decke des Festsaals baumelt. Meine Frage, was das zu bedeuten hat, wird mit Gelächter beantwortet. Eine der Frauen zieht mich auf die Tanzfläche und sagt: »Frunslüüd haben heute Abend das Sagen, mein Junge!«

AN DER STRASSE VON NORDHASTEDT-OSTERWOHLD NACH
TENSBÜTTEL-RÖST LIEGT NACH KNAPP ZWEI KILOMETERN EIN
KLEINER PARKPLATZ IM WALDGEBIET. VON HIER AUS FÜHRT
EIN GEKENNZEICHNETER WALDWEG ZUR FÜNFFINGERLINDE.

STILLE PFADE
UND EIN SAGENUMWOBENER BAUM

Riesewohld und die Fünffingerlinde

51

Wie eine zum Schwur erhobene Hand reckt sich der stattliche Baum aus dem Waldboden: die sagenumwobene Fünffingerlinde. Bei dieser eigentümlichen Wuchsform überrascht es nicht, dass sich um diesen Baum eine alte Geschichte rankt.

Vor vielen Jahren kam eines Abends ein schönes Mädchen von einer Tanzveranstaltung nicht nach Haus. Der besorgte Vater stellte einen Trupp zusammen und ließ überall suchen. Die Männer fanden sie schließlich erwürgt in dem nahe gelegenen Waldgebiet. Gerade in diesem Moment kam ein Wanderer des Weges. Er hielt den Suchtrupp für Wegelagerer und flüchtete.

Alle liefen ihm nach, hatten ihn bald gepackt und zu Boden gerissen, da sie glaubten, dass er der Mörder sei. Seine Flucht war für sie der sichere Beweis. Der Mann beteuerte seine Unschuld, doch keiner glaubte ihm. Unglücklicherweise hob er aus Angst seine linke Hand zum Schwur. Dieser Irrtum wurde ihm zum Verhängnis und man hängte ihn am nächsten Baum auf. Zuvor beteuerte er nochmals seine Unschuld: »Diese Hand hat die Wahrheit geschworen. Zum Zeichen meiner Unschuld soll diese Hand aus meinem Grabe wachsen.«

Viele Jahre später gestand ein Nachbar des toten Mädchens auf seinem Sterbebett den feigen Mord. Und dort, wo der Unschuldige gehängt wurde, wuchs eine Linde aus dem Boden und reckt sich seitdem wie eine zum Schwur erhobene Hand in den Himmel.

Die Fünffingerlinde ist der markanteste Baum in dem zwischen Nordhastedt und Tensbüttel-Röst gelegenen Riesewohld. Mit seinen sieben Quadratkilometern gilt es als das ökologisch wertvollste Waldgebiet an der Westküste Schleswig-Holsteins. Zahlreiche Waldsümpfe, Quellen und Bäche geben dem Riesewohld sein feuchtes Gepräge und sind letztlich ein wesentlicher Grund für das Vorkommen bemerkenswerter Pflanzen- und Tierarten.

🛈 In einer fünf Gehminuten vom Parkplatz entfernten Info-Hütte finden Besucher naturkundliche und ökologische Informationen über das Waldgebiet.

BLICK IN DAS STEINZEITDORF MIT DEN NACH ARCHÄOLOGISCHEN BEFUNDEN REKONSTRUIERTEN HÄUSERN.

STEINZEITPARK DITHMARSCHEN IN ALBERSDORF /// SÜDERSTRASSE 47 /// 25767 ALBERSDORF /// 0 48 32 / 9 59 73 33 /// WWW.AOEZA.DE ///

EINE REISE IN DIE STEINZEIT

Albersdorf – Steinzeitpark Dithmarschen

52

Bereits als Kind haben mich die großen Hügel- und Steingräber fasziniert, die in Dithmarschen noch recht häufig zu finden sind. Für mich waren es magische Orte, die mich neugierig machten. Ich wollte mehr über das Leben unserer frühen Vorfahren wissen.

Das ist auf anschauliche Weise im Steinzeitpark Dithmarschen möglich, der am südlichen Ortsausgang von Albersdorf in unmittelbarer Nähe vorgeschichtlicher Denkmäler errichtet wurde. Der Besuch gleicht einer Reise in die Jungsteinzeit vor 5000 Jahren, auf der viel über das Leben der ersten Ackerbauern und Viehzüchter an der schleswig-holsteinischen Westküste zu erfahren ist. Dort wird auch mit dem sich hartnäckig haltenden Vorurteil aufgeräumt, Menschen der Steinzeit seien tumb und grobschlächtig.

Derzeit umfasst die Anlage fünf Wohnhäuser, die nach archäologischen Funden rekonstruiert wurden. Einige wurden nach wissenschaftlichen Erkenntnissen eingerichtet und geschmückt und vermitteln so auf beeindruckende Weise, dass die Menschen jener Zeit durchaus Sinn für die schönen Dinge des Lebens hatten.

Weitere Attraktionen sind die Nachbauten eines Kulthauses, einer steinzeitlichen Opferstelle und eines begehbaren Großgrabhügels, der Einblicke in eine bronzezeitliche Bestattung mit Baumsarg und Grabbeigaben erlaubt.

Doch nicht nur das rekonstruierte Dorf ist ein Anziehungspunkt für Groß und Klein. Auf dem etwa 40 Hektar großen Freigelände, das einer Kulturlandschaft der Jungsteinzeit nachempfunden wurde, befinden sich originale Großsteingräber aus der Jungsteinzeit und Grabhügel der Bronzezeit. Zu sehen sind auch alte Haustierrassen, die es vielleicht bereits während der Jungsteinzeit gegeben haben könnte. Unter ihnen das Englische Parkrind, die wohl älteste Rinderrasse, die dem damals lebenden Auerochsen noch recht nahesteht.

🖉 In den Sommermonaten werden zahlreiche Aktivitäten für die ganze Familie angeboten – Flintschlagen, Feuermachen, Brotbacken, Bogenschießen und vieles mehr.

DER ERHÖHTE STANDPUNKT AN DER GRÜNENTALER HOCHBRÜCKE
BIETET EINEN EINMALIGEN BLICK AUF DIE VORBEIFAHRENDEN SCHIFFE —
FAST AUS DER VOGELPERSPEKTIVE.

Ein hochgradig infektiöser Virus tarnt sich unter wohlklingenden Namen: AIDAcara, Balmoral, Europa, ... Wer einmal von dem als »Traumschiff-Virus« bekannten Erreger befallen wurde, wird ihn nicht so schnell wieder los. Typische Symptome sind die Sehnsucht nach einem Traumurlaub – und der Wunsch, die Kreuzfahrtschiffe auf ihrer Fahrt durch den Nord-Ostsee-Kanal zu erleben.

Gute Beobachtungsmöglichkeiten gibt es überall am Kanal: von den Wegen zu beiden Seiten der Wasserstraße, den Fähranlegern und von den gastronomischen Betrieben mit Kanalblick. Beliebte Plätze sind auch die Schleusen in Kiel und Brunsbüttel, wo man den Schiffen beim Schleusen zusehen kann.

Mein persönlicher Lieblingsplatz ist die zwischen Albersdorf und Hanerau-Hademarschen gelegene Grünentaler Hochbrücke. Hier lassen sich die Schiffe über lange Zeit hinweg beobachten.

Da man die Brücke auch als Fußgänger nutzen kann, bietet sich die seltene Gelegenheit, auf die zum Teil nur wenige Meter unterhalb der Brücke vorbeigleitenden Decks und Aufbauten hinabzusehen.

Vor allem ein Kreuzfahrtschiff ist vielen noch in guter Erinnerung: die *Norwegian Dream*. Von 1998 bis 2007 passierte sie regelmäßig den Nord-Ostsee-Kanal. Mit einer Länge von 229,8 Metern, einer Breite von 28,5 Metern und einem Tiefgang von 6,8 Metern war sie das größte Schiff, das je den Kanal befuhr. Da auf dem Kanal fahrende Schiffe mit einem Tiefgang bis sieben Metern bis 235 Meter lang sein dürfen, erfüllte sie zwar diese Vorgaben – mit ihrer Höhe hatte sie aber ein Problem. Aufgrund der Brücken darf kein Schiff höher als 40 Meter sein. Weil die *Norwegian Dream* über diese Vorgabe hinausschoss, wurde sie eigens für die Kanal-Passage so umgebaut, dass sich Vordermast und Schornstein umklappen ließen. So blieb sie mit einer Höhe von 39,5 Metern knapp unterhalb des geforderten Limits.

✍ Da Passagezeiten nicht exakt eingehalten werden können, wurde unter 0 48 52 / 88 51 22 ein Ansagedienst zur Abfrage aktueller Durchfahrtszeiten eingerichtet.

BEI NIEDRIGWASSER WIRD DAS WATT VOR WESTERDEICHSTRICH-STINTECK GERNE ZU KLEINEN WANDERUNGEN GENUTZT.

GÄSTEINFORMATION WESTERDEICHSTRICH /// DORFSTRASSE 51 /// 25761 WESTERDEICHSTRICH /// 0 48 34 / 96 22 56 /// WWW.WESTERDEICHSTRICH.DE ///

HÜLLENLOS AUF MUSCHELSUCHE
Strand Westerdeichstrich-Stinteck

Mit dem nur wenige Kilometer nördlich von Büsum gelegenen Strand von Westerdeichstrich-Stinteck verbindet mich ein besonderes Erlebnis. Da das Watt vor dem Deich relativ fest ist, gehe ich hier gerne bei Niedrigwasser spazieren. So auch an einem Weihnachtstag vor ein paar Jahren. Und wie bei jedem Wattspaziergang ließ ich meinen Blick suchend über den Wattboden schweifen – in der Hoffnung, etwas Besonderes zu finden: eine schöne Muschel, ein vom Wellengang abgeschliffenes Holzstück oder gar einen Bernstein.

Und ich wurde fündig: An diesem Weihnachtstag fand ich meine erste Austernschale. Dann noch eine und noch eine und noch eine. Und es wurden mehr und mehr. Ich konnte es zunächst gar nicht fassen, da Austern doch zu den sehr seltenen Muschelarten gehören. Doch dann habe ich mich schlau gemacht und herausgefunden, dass es sich um die eingeschleppte Pazifische Felsenauster handelt, die sich so stark vermehrt hat, dass sie sogar die recht häufige Miesmuschel verdrängt.

Dieser gepflegte, oft als kleine Schwester von Büsum bezeichnete Grünstrand wird gern zum Baden, Sonnen und Wattenlaufen aufgesucht – besonders von jenen, die es etwas ruhiger mögen. Und im Gegensatz zu den Badeständen im benachbarten Büsum gibt es hier auch einen FKK-Strand, von dem aus man hüllenlos ins Wasser steigen oder ins Watt gehen kann. Ein großer, etwa 500 Meter vom Strand entfernter Priel macht das Baden auch bei Niedrigwasser moglich.

Von dem gebührenpflichtigen Parkplatz bis zum Strand sind es nur wenige Meter. Am Aufgang zum Strand befindet sich das Gerhard-Dreeßen-Hus mit einem Baby-Wickelraum, einem behindertengerechten WC sowie mit einem Café mit Blick über die Nordsee. Neben dem Parkplatz liegt eine Grillhütte für bis zu 30 Personen, die gegen einen Kostenbeitrag gemietet werden kann.

✍ Hinter dem Gerhard-Dreeßen-Hus befindet sich der Treffpunkt, von dem aus geführte Watt-Exkursionen und vier- bis fünfstündige Wattwanderungen starten.

Nordseebad BÜSUM

**DAS PLAKAT DER BADEVERWALTUNG BÜSUM SORGTE ANFANG
DES 20. JAHRHUNDERTS FÜR EINEN HANDFESTEN SKANDAL.**

TOURISMUS MARKETING SERVICE BÜSUM /// SÜDSTRAND 11 ///
25761 BÜSUM /// 0 48 34 / 90 90 /// WWW.BUESUM.DE ///

Wattenlaufen

ES BEGANN MIT EIN PAAR BADEKARREN

Nordseeheilbad Büsum

54

Man schrieb das Jahr 1908, als ein handfester Skandal die Bedächtigkeit des ruhigen Nordseebades Büsum erschütterte: Ein Werbeplakat der Badeverwaltung sorgte für maßlose Empörung. Zeigte es doch eine – für damalige Büsumer Moralvorstellungen – recht freizügige Wattläuferin. Die auf dem Plakat abgebildete Dame schürzte ihr Badekostüm derart frivol, dass doch tatsächlich ein nacktes, vollkommen unbedecktes Knie zu sehen war. Und dann der Blick. Nicht einmal verschämt schaut sie den Betrachter des Plakats an. Nein, der Blick wirkt geradezu auffordernd. Das war dann doch zu viel für das sittsame Nordseebad – ein Sturm der Entrüstung brach los.

Büsum blickt als Seebad auf eine lange Tradition zurück, die 1817 mit einer einfachen Badestelle und ein paar Badekarren begann. Bereits 1836 wurden die ersten festen Badehäuschen am Strand errichtet. Ein Jahr darauf durfte Büsum den Titel Nordseebad führen und seit 1949 ist der Kurort ein anerkanntes Nordseeheilbad.

Heute präsentiert sich die Nationalparkgemeinde als moderner, aber ruhiger Urlaubsort. Mit dem Grünstrand am Deich, dem Sandstrand der Familienlagune, dem festen Sandwatt und dem pittoresken Hafen, dessen maritimes Flair Feriengäste aus ganz Deutschland schätzen, ist Büsum bei Tagesgästen ebenso beliebt wie bei Urlaubern.

Skandale erschüttern das beschauliche Nordseebad heute kaum noch und leicht bekleidete Badenixen tummeln sich täglich im Erlebnisbad *Piraten Meer*. Bei Schietwetter lohnt sich ein Besuch der Sturmflutenwelt *Blanker Hans*. Schauspieler entführen die Besucher auf spannende und unterhaltsame Weise in die Zeit der großen Sturmflut von 1962. Und wenn aus einem alten Radio in einer nachgebauten Kneipe die Warnung vor dem steigenden Wasserpegel der Nordsee knistert, bekommt man selbst als eingefleischter Küstenbewohner eine Gänsehaut.

⌖   Im Sommerhalbjahr finden zahlreiche Open-Air-Veranstaltungen statt. Veranstaltungshöhepunkt ist die traditionelle Kutter-Regatta im August.

DER SEEBRÜCKENKOPF AUF DER INSEL
DER FAMILIENLAGUNE PERLEBUCHT.

AUF GRÜNSTRAND UND DÜNENINSEL
Strand von Büsum

Den Strand von Büsum kenne ich schon von Kindesbeinen an. Er war der Strand, zu dem wir fuhren, wenn wir an die Nordsee wollten. Er lag am nächsten und war am besten zu erreichen – auch mit der Bahn, was als Jugendlicher von enormem Vorteil war.

Seitdem hat sich dort viel verändert. Erst kürzlich hat sich das Nordseeheilbad Büsum für die touristische Zukunft gerüstet. Eine notwendige Deichverstärkung wurde genutzt, die gesamte 2,5 Kilometer lange Wasserkante neu zu gestalten und ihr ein modernes und junges Gesicht zu geben. Dank des neuen Deichprofils konnten breitere Promenaden auf der Deichkrone und am Deichfuß entstehen. Herzstück des neu gestalteten Hauptstrandes ist die großzügig angelegte Watt-Tribüne, von der aus man direkt ins Wasser oder ins Watt gelangt, die aber auch zum Entspannen und Verweilen einlädt. Von hier aus starten Watt-Exkursionen und das mehr als 100 Jahre alte *Wattenlaufen mit Musik*, hier finden auch Veranstaltungen wie das Neujahrs-Anschwimmen und die Sommer-Open-Airs statt.

Hinter dem vielversprechenden Namen Perlebucht verbirgt sich die neu gestaltete Familienlagune, eine von den Gezeiten unabhängige Wasserfläche mit Sandstrand. Zur Nordsee hin wird die Familienlagune durch eine künstliche Insel begrenzt. Ein Damm dient als Zugang und unterteilt die Lagune in zwei Wasserbecken. Im flachen südlichen Becken können auch Kinder gefahrlos schwimmen, während das nördliche Becken sportlichen Aktivitäten vorbehalten ist. Hier finden auch Veranstaltungen wie Drachenbootrennen und Kitesurf-Meisterschaften statt. Ein großer Spielplatz, zwei Beachvolleyballfelder, eine Trampolinanlage und Grillplätze ergänzen das familienfreundliche Angebot auf der Insel. Und die Wassersportschule bietet jedem die Gelegenheit, Surfen und Kitesurfen zu erlernen.

📷 Immer wieder ein beliebtes Fotomotiv: an einem warmen Sommerabend die Sonne in der Nordsee oder im noch feuchten Watt versinken zu sehen.

ETWA 80 SCHOTTSCHE KARREN GEHÖRTEN EINST ZUM BILD
DES BÜSUMER HAFENS.

MUSEUMSHAFEN BÜSUM /// SÜDSTRAND / AM FISCHERKAI ///
25761 BÜSUM ///WWW.MUSEUMSHAFEN-BUESUM.DE ///

ALTE KUTTER, SCHOTTSCHE KARREN UND EIN TASSENPEGEL

Büsum – Museumshafen

55

Das maritime Herz Büsums schlägt am idyllischen Hafen des Nordsee-Heilbades. Von hier aus gehen die Krabbenkutter auf Fangfahrt, von hier aus stechen die Ausflugsschiffe in See und die Hafenpromenade wird gern zum entspannten Flanieren genutzt.

Büsum blickt bereits auf eine mehrere Jahrhunderte alte Geschichte als Hafenort zurück. Zu Beginn des 15. Jahrhunderts legte hier auch der Seeräuber Cord Widderich an, nachdem er auf der Insel Pellworm sein Unwesen getrieben hatte. Dort raubte er respektlos das kostbare Taufbecken der Kirche, brachte es nach Büsum und stiftete es der dortigen Kirche – die dieses großzügige Geschenk auch dankend angenommen hat. Es wurde nie zurückgegeben. Das geraubte Taufbecken steht heute immer noch in der Büsumer St. Clemens-Kirche.

Der älteste Teil des heutigen Hafens ist das in Lage und Größe seit 1720 nahezu unveränderte Hafenbecken I, das den Museumshafen beherbergt. Hier haben unter anderem die *Margaretha*, ein Gaffelkutter aus dem Jahr 1911, sowie das 1944 gebaute und von 1960 bis 1981 in Büsum stationierte Motorrettungsboot *Rickmer Bock* ihren Liegeplatz.

Rund um das Hafenbecken befinden sich weitere maritime Exponate. So sind zwei Nachbauten von Schottschen Karren zu sehen, mit denen noch bis 1957 die frisch gefangenen Krabben von den Kuttern zu den Annahmestellen gefahren wurden. Zum maritimen Ensemble gehört auch der Nachbau des ersten Büsumer Leuchtturms, einem einfachen, 1875 errichteten Holzbauwerk mit einer Petroleumlaterne an der Spitze. Eines der weniger beachteten, aber nichtsdestoweniger interessanten Exponate ist der Tassenpegel, mit dessen Hilfe einst der Wasserstand bei Sturmfluten gemessen wurde. Er arbeitete nach einem simplen, aber genialen Prinzip mit übereinander angeordneten Tassen. Anhand der mit Wasser gefüllten Tassen ließ sich der Höchst-Wasserstand ablesen.

✍ Im Sommerhalbjahr bildet der Museumshafen die idyllische Kulisse für kostenlose Konzerte, die auf einer Bühne vor der Freitreppe stattfinden.

DER ANKERPLATZ LIEGT ZWISCHEN FISCHEREIHAFEN
(HAFENBECKEN 2) UND MUSEUMSHAFEN ///
ANKERPLATZ /// AM FISCHERKAI /// 25761 BÜSUM ///

BÜSUMER KRABBEN – EINE DELIKATESSE AUS DER NORDSEE

Ankerplatz in Büsum

56

Auf dem Ankerplatz in Büsum sitzen, den Kuttern beim Einfahren zusehen und auf den frischen Fang warten. Das ist genau der richtige Platz, um wirklich frische Krabben zu genießen: eine Krabbe in die Hand nehmen und pulen – und dann ab damit in den Mund.

Die köstlichste der Dithmarscher Gaumenfreuden war vor gut 100 Jahren noch ein Arme-Leute-Essen, doch heute schätzen Feinschmecker die Krabben – die richtigerweise als Garnelen bezeichnet werden müssten – als eine große Delikatesse. Ja, mit den Namen ist es so eine eigene Sache: In Ostfriesland heißen sie Granat, in Nordfriesland nennt man sie Porren. Und bei uns in Dithmarschen hat man sie früher als Kraut gekauft – und das gleich literweise. Gemeinhin werden die Garnelen aber Krabben genannt und sind unter diesem Namen bundesweit bekannt.

Kurz nach dem Fang werden die Krabben bereits an Bord des Fischkutters in Meerwasser gekocht. Erst dann bekommen sie ihre appetitlich rote Farbe. Frisch gefangen sind sie hingegen noch grau.

Um der großen Nachfrage nach gepulten Krabben nachzukommen, treten die meisten von ihnen nach dem Fang eine große Reise an. Zum Beispiel nach Marokko. Dort werden sie aus ihrer Schale befreit, um sie dann für den deutschen Markt zurückzutransportieren. Konserviert und abgepackt sind sie dann überall in den Supermärkten zu bekommen. Doch der wirkliche Genuss sind frische Krabben. Und wirklich frisch bekommt man sie nur dort, wo sie auch gefangen werden. Etwas Übung und Muße sind beim Krabbenpulen schon gefragt, denn das Pulen der kleinen Krebstiere will gelernt sein und braucht seine Zeit. Wobei das Pulen aber fast schon einen meditativen Charakter hat und die Vorfreude auf den zu erwartenden Genuss erhöht. Und es lohnt sich: im Gegensatz zu den gepulten Krabben aus den Supermärkten schmecken sie einfach unvergleichlich gut.

🍴 Der Klassiker unter den Krabbengerichten: eine Scheibe Schwarzbrot mit Butter bestreichen, dann viel Krabben und ein Spiegelei obendrauf.

DIE AUF EINER SANDBANK RUHENDEN SEEHUNDE HABEN SICH AN DIE AUSFLUGSSCHIFFE GEWÖHNT UND LASSEN SICH NICHT IN IHRER RUHE STÖREN.

MIT KULLERAUGEN UND STUPSNASE
Seehundbänke

57

Als Sympathieträger sind die allseits beliebten Seehunde an der gesamten Nordseeküste unbestritten die Nummer eins. Mit ihren runden Gesichtern, den großen Kulleraugen, der Stupsnase und den an Land tollpatschig anmutenden Bewegungen sammeln sie bei Erwachsenen ebenso Pluspunkte wie bei Kindern. Daher werden sie von den Feriengästen gerne als Postkartenmotiv an die Daheimgebliebenen geschickt oder als plüschiges Urlaubs-Souvenir mit nach Hause genommen.

Doch nichts kommt dem faszinierenden und unvergesslichen Erlebnis gleich, die in der Nordsee heimische Robbenart in ihrer natürlichen Umgebung zu beobachten. Und zum Glück ist es recht einfach, in den Genuss dieses großartigen Erlebnisses für die gesamte Familie zu kommen.

Während der Saison von April bis Oktober starten vom Büsumer Hafen aus regelmäßig Ausflugsschiffe zu einer großen, etwa 20 Kilometer vor dem Nordseeheilbad gelegenen Seehundbank. Mit etwa drei Kilometern Länge und zwei Kilometern Breite gehört sie zu den größten der Nordsee. Es ist so gut wie sicher, dass die Passagiere auf jeder Fahrt Seehunde zu Gesicht zu bekommen. Nicht selten sind dort sogar mehrere Hundert Tiere anzutreffen.

Etwa eine Stunde dauert die Fahrt mit dem Ausflugsschiff *Ol Büsum*. Behutsam nähert sich das Schiff der Sandbank mit den Meeressäugern, die sich schon längst an den täglichen Besuch gewöhnt haben und dadurch nicht aus der Ruhe zu bringen sind. Die Tiere wissen, dass ihnen keine Gefahr droht. Daher lassen sie sich auch nicht in ihrem wohligen Müßiggang stören und können ausgiebig beobachtet werden.

Auch auf der Fahrt von Tönning zum Eidersperrwerk sind regelmäßig Seehunde zu beobachten, da sich im Mündungsgebiet der Eider vor einigen Jahren eine kleine, aber stabile Seehund-Population gebildet hat.

✍ Wer die Seehunde genauer betrachten möchte, sollte von der Möglichkeit Gebrauch machen, sich an Bord des Schiffes ein Fernglas auszuleihen.

DER FREI STEHENDE BUNTSANDSTEINFELSEN LANGE ANNA
IST DAS WAHRZEICHEN VON HELGOLAND.

ZUR ROTEN FELSENINSEL

Helgoland – Steilküste

58

Menschen fast aller Regionen haben Lieblingsplätze in ihrem Kopf, sind aber noch nie dort gewesen, obwohl sie vor der Haustür liegen. Der Grund: Man kann ja jederzeit dorthin fahren. Auch bei mir hat es ein halbes Leben gedauert, bis ich zum ersten Mal auf Helgoland war. Dabei ist die Insel von Dithmarschen aus recht einfach zu erreichen, da zwei Reedereien von Büsum aus Tagesfahrten zur Roten Insel anbieten. Durch ihre übersichtliche Größe ist die Insel während des drei- bis vierstündigen Aufenthalts leicht zu erkunden.

Die Insel mit den roten Buntsandsteinformationen beeindruckt durch ihre landschaftliche Schönheit, die sich am besten durch den Rundweg entlang den 50 Meter hohen Steilküsten erschließt. Der Weg führt auch an der Langen Anna vorbei, einer 47 Meter hohen, freistehenden Felsnadel am nördlichen Ende der Insel.

Auch Naturliebhabern bietet die Insel einige Besonderheiten, die sie sonst nirgends in Deutschland antreffen können. Beeindruckend sind die zahlreichen Seevögel, die in den steil zum Meer abfallenden Klippen brüten und zum Teil aus nächster Nähe zu beobachten sind. Neben Dreizehenmöwen, Tordalken, Eissturmvögeln und Trottellummen brüten hier auch Basstölpel, die größten Seevögel des Nordatlantiks. Auch die Düne wartet mit einem besonderen Naturerlebnis auf. Aus nur wenigen Metern Entfernung lassen sich Seehunde und Kegelrobben beobachten – an manchen Tagen sind es bis zu 500 Stück.

Über Helgoland hält sich hartnäckig die Meinung, Deutschland hätte die Insel einst gegen Sansibar getauscht. Doch Sansibar war nie eine deutsche Kolonie. Vielmehr war es so, dass das kaiserliche Deutschland in einem 1890 mit Großbritannien geschlossenen Vertrag auf Gebietsansprüche in Afrika verzichtete. Als Ausgleich gab das Vereinigte Königreich die 1807 von britischen Truppen besetzte Insel an Deutschland zurück.

Wer Helgoland besucht, sollte auf jeden Fall den inseltypischen Knieper probieren. Die Scheren des Taschenkrebses sind eine Spezialität Helgolands.

MELDORFER DOM /// MARKTPLATZ /// 25704 MELDORF ///
0 48 32 / 67 40 /// WWW.KIRCHE-MELDORF.DE ///

DER DOM DER DITHMARSCHER
Meldorfer Dom

59

Einmal juckte mir das Fell und ich habe ein paar Leute gefragt, ob sie wüssten, wo in Meldorf die St.-Johannis-Kirche sei. Fast immer bekam ich ein verneinendes Schulterzucken als Antwort. Alle kannten nur den Meldorfer Dom. Dabei ist es die gleiche Kirche – nur ist es einmal der offizielle Name, den fast keiner kennt, und einmal der landläufig gebräuchliche. Denn aufgrund ihrer Größe und ihres prachtvollen Ausbaus wird die Meldorfer St. Johanniskirche auch »Dom der Dithmarscher« genannt, obwohl er nie der Sitz eines Bischofs war.

Die erste Kirche wurde zwischen 810 und 826 erbaut, als Dithmarschen in Folge der Schlacht bei Bornhöved (798) an Karl den Großen fiel. Nach den damals gegründeten Kirchen in Hamburg, Heiligenstedten und Schenefeld ist sie die viertälteste Kirche im nordelbischen Raum.

Das heutige Kirchengebäude, das zu den bedeutendsten mittelalterlichen Kirchenbauten an der schleswig-holsteinischen Westküste zählt, wurde zwischen 1250 und 1300 als dreischiffige Basilika errichtet. Ihr heutiges Gesicht erhielt sie in der zweiten Hälfte des 19. Jahrhunderts. Der mittelalterliche Innenausbau ist im Wesentlichen original erhalten geblieben. Bemerkenswert sind die zum Teil gut erhaltenen Fresken, die noch aus der Bauzeit stammen. Sie gelten als eines der bedeutendsten Zeugnisse mittelalterlicher Malerei im nördlichsten Bundesland.

Bei seiner Errichtung stand die heute etwa acht Kilometer landeinwärts liegende Kirche nur wenige hundert Meter von der Küste entfernt und war für die Seefahrer ein weithin sichtbarer Orientierungspunkt. Und wie bei vielen alten Gemäuern, ranken sich um sie einige Geschichten. So wird immer wieder gern erzählt, es solle einen geheimen unterirdischen Gang vom Kirchengebäude zum ehemaligen Dominikanerkloster gegeben haben. Doch dafür gibt es leider keine ernstzunehmenden Hinweise.

🎵 Der Meldorfer Dom ist Spielstätte erstklassiger Konzerte (Internationale Sommerkonzerte, Schleswig-Holsteinisches Sinfonieorchester, Schleswig-Holstein Musikfestival).

Ein Bahnhofsschild mit der Aufschrift »Nordhastedt«, ein alter Fahrkartenschalter und eine noch ältere Gepäckkarre. Da werden Erinnerungen wach. Die Gepäckkarre kenne ich zwar nicht mehr, das Bahnhofsschild und den Fahrkartenschalter aber umso besser.

Hier an diesem Schalter habe ich über Jahre hinweg eine Schüler-Monatskarte gekauft, von diesem Bahnhof bin ich in den Nachbarort zur Schule gefahren. Den Bahnhof gibt es nicht mehr, er ist einer einfachen Haltestelle gewichen. Das Schild und der Schalter gehören jetzt zu einem der Ensembles im Dithmarscher Landesmuseum in Meldorf, die Einblicke in das Alltagsleben in Dithmarschen zwischen der Reichsgründung 1871 und den 1960er-Jahren erlauben – vom Einkaufen bis zum Frisör- und Arztbesuch, von der Schule bis zum Kino am Sonntag und dem Fernsehabend in einem Wohnzimmer aus den 1950er-Jahren.

So werden auch der alte Kolonialwarenladen, der noch bis 1978 von Gertrud Möller in Albersdorf geführt wurde, die gemütliche Gastwirtschaft *Hamburger Hof* aus Tönning mit dem elektrischen Klavier und das fast heimelig wirkende Kino zahlreiche Erinnerungen und nostalgische Gefühle an die gute alte Zeit wecken – letztere sind aber spätestens beim Anblick des alten Operationssaals aus der ersten Hälfte des 20. Jahrhunderts schnell wieder verschwunden.

Beeindruckende Einzelobjekte, die über die Jahrhunderte hinweg aufbewahrt wurden, dokumentieren die Dithmarscher Geschichte von der ersten urkundlichen Erwähnung bis zur Mitte des 19. Jahrhunderts. In diesem Bereich wird auch das kostbare Erbe der Bauernrepublik Dithmarschen präsentiert. Aus der zweiten Hälfte des 16. Jahrhunderts stammt der Gerichtssaal des Landvogtes Markus Swin, das bedeutendste und wertvollste Exponat des 1872 gegründeten Museums.

⌗ In gesonderten Räumlichkeiten werden wechselnde Ausstellungen zu regional- und kulturhistorischen Themen sowie der bildenden Kunst präsentiert.

VON ENDE MAI BIS MITTE JULI ENTFALTEN
DIE HISTORISCHEN ROSENSORTEN IHRE VOLLE BLÜTENPRACHT.

SCHLESWIG-HOLSTEINISCHES LANDWIRTSCHAFTSMUSEUM ///
JUNGFERNSTIEG 4 /// 25704 MELDORF /// 0 48 32 / 97 93 90 ///
WWW.LANDWIRTSCHAFTSMUSEUM-SCHLESWIG-HOLSTEIN.DE/ ///

DAS WESEN DER DINGE IM DUFT EINER ROSE ...

Meldorf – Rosengarten

61

Shakespeare lässt Julia in *Romeo und Julia* sagen: »What's in a name? that which we call a rose by any other name would smell as sweet ...« Das Wesen der Dinge sehen, riechen – in einer Rose. *Belle Isis, La Negresse, Duke of Cambridge, La Noblesse, Robert le Diable* und *Bourbon Queen* heißen sie. Ihr Aussehen und ihr Duft machen den klangvollen Namen alle Ehre. Daher lasse ich es mir nicht nehmen, sie mindestens einmal im Jahr zwischen Ende Mai und Mitte Juli zu besuchen.

Die sechs Schönheiten gehören zu einer Sammlung historischer Rosen, die in einem 1.200 Quadratmeter großen Garten des Schleswig-Holsteinischen Landwirtschaftsmuseums in Meldorf zu finden sind.

Wer sich für Rosen begeistert, der sollte dort unbedingt vorbeischauen und sich von ihrer Blütenfülle und ihrem Duft überraschen lassen. Die Sammlung umfasst mehr als 50 verschiedene Rosensorten, die alle in Dithmarschen entdeckt wurden.

Viele historische Rosensorten sind unwiederbringlich verloren gegangen. Sie wurden als nicht mehr zeitgemäß angesehen und durch großblütige, nicht duftende Sorten ersetzt. Die Erhaltung der Rosensorten am Landwirtschaftsmuseum ist der Meldorfer Journalistin Gerda Nissen (1929–1999) zu verdanken. Mitte der 1970er-Jahre kam sie zufällig mit historischen Rosen in Berührung. Als leidenschaftliche Gärtnerin war sie sofort von ihnen fasziniert und suchte nach alten Rosensorten. Und sie wurde fündig – in alten Gärten ebenso wie an Kirchen und auf Friedhöfen. Ihren endgültigen Platz erhielten die gesammelten Rosenableger ab 1989 in dem frei zugänglichen Garten des Landwirtschaftsmuseums.

Die Meldorfer Rosentage finden in Jahren mit ungerader Jahreszahl statt und locken Rosenfreunde, sich von den betörend duftenden Rosen verzaubern zu lassen.

🗝 Auch das Landwirtschaftsmuseum lohnt einen Besuch. Kaffee, Kuchen und kleine Gerichte gibt es in der zum Museum gehörenden Cafeteria *Neue Holländerei*.

BADESTELLE KLEIN-WESTERLAND ///
ZUR HOLSTENAU /// 25712 HOCHDONN ///

SOMMERLICHE BADEFREUDEN UND DICKE PÖTTE

Badestelle Klein-Westerland

Es ist schon einige Jahre her, als ich zum ersten Mal von Klein-Westerland hörte, einer Badestelle, die irgendwo am Nord-Ostsee-Kanal liegen sollte. Das machte mich neugierig, weil ich mir doch gar nichts darunter vorstellen konnte. Also machte ich mich auf den Weg, dieses ominöse Etwas zu suchen. Da ich nur eine vage Beschreibung hatte – es war noch vor der Navi-Zeitrechnung –, war es nicht ganz einfach, die Stelle zu finden. Aber nach etwas längerem Suchen hatte ich sie gefunden – und war positiv überrascht.

Natürlich befindet sich die Bademöglichkeit nicht direkt im Nord-Ostsee-Kanal, das wäre auch gar nicht erlaubt. Sie liegt vielmehr an einer kleinen Ausbuchtung dieser wichtigen internationalen Schifffahrtsstraße.

Die idyllische, von Bäumen umstandene Badestelle mit feinkörnigem Sandstrand und Liegewiese befindet sich zwar weit genug vom Fahrwasser des Nord-Ostsee-Kanals entfernt, um hier ohne Gefährdung durch den Schiffsverkehr zu baden, trotzdem kann man hier sommerliche Badefreuden genießen und gleichzeitig Containerschiffe, Frachter und Traumschiffe auf großer Fahrt erleben.

Mit dem sanft abfallenden Ufer ist die naturbelassene Badestelle ideal für die gesamte Familie, für die großen Wasserratten ebenso wie für die kleinen. Da sie etwas abseits liegt und ohne Navi nicht gerade leicht zu finden ist, gilt die kleine Badebucht in Sichtweite der Hochdonner Eisenbahnhochbrücke immer noch als Insidertipp.

Die Zufahrt erfolgt von Hochdonn aus. Die Badebucht befindet sich in unmittelbarer Nähe zum Campingplatz Klein-Westerland, etwa einen Kilometer nördlich der Fähre Hochdonn.

Für die Benutzung der Badestelle muss man keinen Eintritt bezahlen. Es gibt aber auch keine Badeaufsicht, die Wasserqualität dieser idyllisch gelegenen Badestelle wird allerdings regelmäßig überprüft.

Eis und erfrischende Getränke, Kaffee und Kuchen sowie kleine Gerichte gibt es in der nahe gelegenen Gaststätte des Campingplatzes Klein-Westerland.

ÜBERALL IN DEN FRUCHTBAREN MARSCHEN GIBT ES FELDER,
AUF DENEN KOHL ANGEBAUT WIRD.

VOM ARME-LEUTE-ESSEN
ZUR KULINARISCHEN SPEZIALITÄT

Kohlfelder in Dithmarschen

62

Es gibt schon recht merkwürdige Meisterschaften. Und wenn es eine noch nicht gibt, dann erfindet man sie einfach. So geschehen in Marne, wo anlässlich der Dithmarscher Kohltage eine Mannschafts-Krauthobelweltmeisterschaft ausgetragen wird. Diese Sportart ist regional auf Kohlanbaugebiete beschränkt. Eines davon ist Dithmarschen – und zwar das größte zusammenhängende in Europa.

Nach offiziellen Angaben werden im Kreisgebiet pro Jahr rund 80 Millionen Kohlköpfe angebaut – einen für jeden Einwohner der Bundesrepublik Deutschland. Vorwiegend steht Weißkohl auf den Feldern, gefolgt von Rotkohl und Wirsing. Aber auch Spitz-, Grün- und Blumenkohl wachsen hier. Die Marschen bieten für den Kohlanbau günstige Boden- und Klimaverhältnisse: Zum einen sind die Böden fruchtbar, zum anderen haben es Schädlinge aufgrund des beständig wehenden Seewindes schwerer, die Kohlpflanzen zu befallen.

Lange Zeit galt Kohl als Arme-Leute-Essen. Doch die Zeiten sind vorbei. Aus dem Allerweltsgemüse wurde eine gefragte kulinarische Spezialität. Doch Kohl schmeckt nicht nur, Kohl ist auch sehr gesund. Ob Rot-, Weiß-, Grün- oder Blumenkohl – alle Kohlsorten enthalten reichlich Vitamine, Mineral- und Ballaststoffe, aber kaum Kalorien.

Eine Woche im September steht ganz Dithmarschen im Zeichen des Kohls. Dann sind die Dithmarscher Kohltage angesagt. Die Tage rund um das gesunde Gemüse werden mit dem offiziellen Kohlanschnitt auf dem Feld eines landwirtschaftlichen Betriebes eröffnet. Mit dabei auch die beiden Kohlregentinnen in ihren farbenfrohen Dithmarscher Trachten. Anschließend präsentieren Dithmarscher Gemeinden ein buntes Programm rund um den Kohl. Auch in der Dithmarscher Gastronomie steht Kohl auf vielen Speisekarten an oberster Stelle. Er wird in allerlei Variationen erntefrisch zubereitet und appetitlich auf den Tisch gebracht.

☞ Zahlreiche Gemüsestände an den Straßen in Richtung der Nordseebäder und den Feriengebieten auf Eiderstedt bieten Kohl direkt vom Erzeuger an.

AUF DEM TRISCHENDAMM KANN MAN GUT ZWEI KILOMETER
IN DIE NORDSEE HINEIN WANDERN.

Ein wenig düster und bizarr ragt der steinerne Damm ins Watt hinaus. »Fast wie auf einem surrealen Gemälde«, denke ich oft, wenn ich mal wieder über den Trischendamm spaziere. Irgendwie passt es damit in die Zeit seines Baus. 1935 entstand das Küstenschutzbauwerk, das wie ein Stachel von Friedrichskoog-Spitze ins Wattenmeer hineinragt, um dann nach einer kurzen Biegung abrupt zu enden.

Der Damm wurde zum Schutz des 80 Jahre vorher eingedeichten Kooges errichtet, da dieser durch starke Strömungen bedroht war. Dem damaligen Zeitgeist entsprechend, sollte er ursprünglich sogar bis zur etwa zehn Kilometer entfernten Insel Trischen gebaut werden. Doch das Vorhaben erwies sich als undurchführbar. Der Plan wurde daher aufgegeben, die Arbeiten nach etwa zwei Kilometern eingestellt.

Ein Spaziergang auf dem Damm bietet die einzigartige Möglichkeit, auch bei Hochwasser trockenen Fußes direkt in die Nordsee hineinzuwandern. Am Ende des Dammes angekommen, liegt die Bohrplattform Mittelplate zum Greifen nah und der Blick schweift ungehindert bis Büsum im Norden und dann weiter über die Elbmündung hinweg bis nach Cuxhaven.

Friedrichskoog-Spitze, der Strand des Urlaubsortes Friedrichskoog, liegt knapp fünf Kilometer westlich vom Ortszentrum. Mit fließenden Übergängen ist der 1,8 Kilometer lange Badestrand in fünf Abschnitte aufgeteilt: in den Aktiv- und Sportstrand, den Familienstrand, den »Familienstrand mit Hund«, den Hundestrand und den FKK-Strand. Das Besondere am Strand von Friedrichskoog-Spitze ist aber, dass er frei zugänglich ist: Es wird kein Strandeintritt erhoben. Auch Strandkörbe brauchen nicht vorab gemietet zu werden. Die Badegäste suchen sich vielmehr einfach einen aus und belegen ihn. Ein Mitarbeiter kommt dann vorbei und kassiert die Benutzungsgebühr.

⌖ Regelmäßig finden Wattexkursionen unter sachkundiger Führung statt. Und wer Lust hat, kann sich von einer Neptun-Taufe überraschen lassen.

DIE FÜTTERUNG DER SEEHUNDE UND KEGELROBBEN
ZIEHT ZAHLREICHE BESUCHER AN.

SEEHUNDSTATION FRIEDRICHSKOOG /// AN DER SEESCHLEUSE 4 ///
25718 FRIEDRICHSKOOG /// 0 48 54 / 13 72 ///
WWW.SEEHUNDSTATION-FRIEDRICHSKOOG.DE ///

MIT SEEHUNDEN AUF TUCHFÜHLUNG
Seehundstation Friedrichskoog

63

Hallo Robbie! – die beliebte von 2001 bis 2009 ausgestrahlte ZDF-Fernsehserie ist vielen Zuschauern noch in guter Erinnerung. Die Serie spielte zwar auf der Insel Rügen, doch große Teile der Aufnahmen wurden in der Seehundstation Friedrichskoog gedreht. In der seit 1985 bestehenden Anlage können Besucher noch immer dieses spezielle *Hallo Robbie!*-Feeling erleben. Das ist den Seehunden Deern, Hein, Mareike und Lilli sowie den Kegelrobben Juris und Nemirseta zu verdanken. Die sechs Tiere leben dauerhaft in der Station, weil sie aus verschiedenen Gründen nicht ausgewildert werden konnten oder in Gefangenschaft geboren wurden.

Die in der Nordsee lebenden Robbenarten können in dem 800 Quadratmeter großen Beckensystem, an Land und durch ein Unterwasserfenster auch beim Tauchen beobachtet werden. Ein besonderer Publikumsmagnet sind die drei Mal täglich stattfindenden Fütterungen der Tiere.

Die Seehundstation ist in Schleswig-Holstein die einzige autorisierte Aufnahmestelle für junge, mutterlos aufgefundene Seehunde – die sogenannten Heuler. Sie werden in einem gesonderten, für Besucher nicht zugänglichen Bereich der Station aufgezogen und auf das spätere Aussetzen in der Nordsee vorbereitet. Die Jungtiere können aber durch Fenster, über Videokameras oder von einem 17 Meter hohen Aussichtsturm aus beobachtet werden.

Das Informationszentrum Seehund vermittelt Wissenswertes über die Biologie, die Gefährdungen und die Schutzmaßnahmen unserer heimischen Robbenarten und den anderen Meeressäugern des Wattenmeeres. Mit lebensgroßen Exponaten anderer Robbenarten rundet die Erlebnis-Ausstellung *Robben der Welt* das Informationsangebot über diese beliebten Tiere ab. Informationsveranstaltungen ergänzen das Angebot – darunter Vorträge, Filmnachmittage und Aktionen für Kinder.

✍ Die Seehundstation liegt unmittelbar am idyllischen Friedrichskooger Hafen. Vor oder nach dem Besuch der Station ist ein Rundgang absolut empfehlenswert.

SCHLEUSEN IN BRUNSBÜTTEL /// GUSTAV-MEYER-PLATZ ///
25541 BRUNSBÜTTEL /// 0 48 52 / 83 66 24 (TOURIST-INFO) ///
WWW.SCHLEUSENMEILE-BRUNSBUETTEL.DE ///

EINE MEILE FÜR GROSSE UND KLEINE PÖTTE
Schleusen in Brunsbüttel

64

Torsten ist seit seiner Kindheit von Schiffen begeistert. Daher gehört es für ihn einfach dazu, im Urlaub auch den Schleusen in Brunsbüttel einen Besuch abzustatten. Und jedes Mal aufs Neue ist er von den großen Schiffen fasziniert, die auf ihrer Fahrt durch den Nord-Ostsee-Kanal dieses technische Meisterwerk passieren müssen.

Genau wie Torsten sind viele Besucher vom Vorgang des Schleusens beeindruckt, bei dem die wechselnden Wasserstände der Elbe dem konstanten Wasserspiegel des Kanals angeglichen werden. Das geschieht mittels zweier Anlagen mit je zwei Kammern: den 1895 eröffneten Alten Schleusen und den von 1909 bis 1914 erbauten Neuen Schleusen.

Beide Bauwerke sind technische Meisterleistungen ihrer Zeit. Die Kammern der älteren Anlage haben eine nutzbare Länge von 125 Metern und eine Breite von 22 Metern, die Zeit zum Angleichen der Wasserstände beträgt etwa 30 Minuten. Mehr als doppelt so groß sind die Neuen Schleusen: Die Kammern sind 310 Meter lang und 42 Meter breit. Hier haben die Schiffe etwa 45 Minuten zu verweilen, bis sich die Wasserstände angepasst haben.

Von zwei Aussichtsplattformen und einem gesicherten Weg aus können Besucher die großen Pötte aus nächster Nähe sehen. Die Anlage ist täglich von Sonnenaufgang bis Sonnenuntergang zu besichtigen.

In enger Verbindung mit dem geplanten Bau einer großen fünften Schleusenkammer das Umfeld des beliebten Ausflugsziels weiterentwickelt. Erste Bausteine dieser so genannten »Schleusenmeile« sind bereits umgesetzt worden. Direkt an der Promenade gibt es einen maritimen Erlebnisspielplatz, auf dem Kinder spielend lernen, wie Schleusen funktionieren. Eine ebenfalls an der Promenade gelegene elektronische Anzeigetafel zeigt in Echtzeit die Schiffe, die auf dem Nord-Ostsee-Kanal und auf der Elbe fahren.

⌖ Sehenswert ist das Informationszentrum neben den Neuen Schleusen. Die Ausstellung zeigt den Bau, den Betrieb und die Bedeutung des Nord-Ostsee-Kanals.

BEIM WATT-FUSSBALL SIND TREFFER GLÜCKSSACHE.
HAUPTSACHE, MAN WIRD SCHÖN DRECKIG.

WATTOLÜMPIADE E.V. /// BLANGENMOORER STRASSE 23 A ///
25541 BRUNSBÜTTEL /// 0 48 55 / 89 18 20 /// WWW.WATTOLUEMPIA.DE ///

Heute schmeiße ich mich mal so richtig fein in Schale. »Ik mok mi glant«, wie das auf Plattdeutsch heißt: weiße Hose, weißes T-Shirt, weiße Turnschuhe. Wozu das alles? Ich soll eine Foto-Serie über die Spiele der Wattolümpiade machen, einem sportlichen Großereignis, das im knietiefen Elbschlick vor Brunsbüttel ausgetragen wird. Und das geht nur, wenn man selbst ins Watt steigt. Und dann wird man dreckig. Richtig dreckig sogar. Und wenn ich schon richtig dreckig werden soll, dann bitte mit Stil.

Feierlich wird das wattolümpische Feuer am Elbdeich entzündet. Nun messen sich die Wattleten in der schlüpfrigen Sportarena in traditionellen Küsten-Disziplinen: Watt-Fußball, Watt-Handball, Watt-Wolliball und in der jüngsten wattolümpischen Disziplin, dem ostfriesischen Schlickschlittenrennen. Doch für welche Sportart sich die Aktiven auch begeistern – nach dem Wettkampf sehen alle gleich aus. Denn bei der in Mannschafts- und Einzelwettbewerben ausgetragenen Wattolümpiade werden die Aktiven eins mit ihrer Spielstätte – nach kurzer Wettkampfzeit sehen alle aus wie Schlickmonster.

Tausende Zuschauer finden sich jedes Jahr auf dem Elbdeich ein, um die Wattleten mit lautstarken Anfeuerungsrufen zu immer neuen Höchstleistungen anzustacheln. Wer gewinnt, ist eigentlich völlig egal. Wichtig ist, dass alle – Wattleten und Zuschauer – ihren Spaß gehabt haben.

Die dreckigen Spiele haben aber auch einen ernsten Hintergrund. Seit 2004 hat der Wattolümpiade-Verein rund 200.000 Euro mit dem »schmutzigen Sport für eine saubere Sache« gesammelt. Geld, das Krebsbetroffenen in der Region zugutekommt. So finanziert der Verein seit 2005 nicht nur zwei Beratungsstellen für Krebspatienten und deren Angehörige, er organisiert auch mit großem Erfolg die Brunsbütteler Krebsinformationstage.

NOK-ROMANTIKA IST EIN LICHTERFEST, DAS
AM ERSTEN SONNABEND IM SEPTEMBER ENTLANG
DES GESAMTEN NORD-OSTSEE-KANALS GEFEIERT WIRD.

DAS LICHTERFEST AM KANAL
Burg – NOK-Romantika

Die Tage werden kürzer. Noch wärmt tagsüber die Sonne, doch gegen Abend wird es deutlich kühler. Es ist die Zeit zwischen Sommer und Herbst, es ist die Zeit von NOK-Romantika, dem großen Lichterfest am Nord-Ostsee-Kanal, das jedes Jahr am ersten Sonnabend im September gefeiert wird.

Mit beginnender Dämmerung finden sich überall an den Ufern des fast 100 Kilometer langen Kanals zahlreiche Menschen ein. Bei Einbruch der Dunkelheit werden Fackeln, Kerzen und Laternen entzündet, Lampen eingeschaltet und Wunderkerzen mit sprühenden Sternen abgebrannt. Auch wer unvorbereitet kommt, ist willkommen: Fackeln können an allen Veranstaltungsorten erworben werden.

Entlang des Kanals beteiligen sich Städte und Gemeinden, Vereine und Verbände, gastronomische Betriebe und Reedereien mit verschiedenen Aktionen an der NOK-Romantika. Die Schwerpunkte der Veranstaltungen liegen in den Kanalstädten Brunsbüttel, Rendsburg und Kiel. Hier können sich die zahlreichen Besucher an professionellen Licht-Shows, Live-Musik und Kleinkunst erfreuen.

Beliebt bei den Besuchern sind auch die Fähranleger am Kanal, zum Beispiel in Burg, in denen die Veranstaltungen kleiner und persönlicher sind. Da die Programme mit viel Eigeninitiative gestaltet werden, besitzen sie ihren ganz eigenen Reiz. Auch wer das Lichterfest in aller Ruhe und ganz individuell erleben möchte, hat dazu die Gelegenheit – bietet die NOK-Romantika doch die gern wahrgenommene Gelegenheit zu einem romantisch illuminierten Picknick am Kanalufer.

Und wer das Lichterfest mit einem guten Essen verbinden möchte, findet auf den Speisekarten der zahlreichen Ausflugslokale direkt am Kanal das Richtige. Da sich die Lichter im Wasser spiegeln, ist die NOK-Romantika vom Schiff aus doppelt so interessant. Dazu werden von den Reedereien Fahrten mit Ausflugsschiffen angeboten.

✐ Das vollständige Programm und zahlreiche Impressionen vom Lichterfest am Nord-Ostsee-Kanal sind im Internet unter www.nok-romantika.de zu finden.

St. Peter-Ording

REGISTER

»66 Lieblingsplätze«

für Einheimische, Besucher und Neugierige

Von einsamen Winkeln im Münsterland bis zu angesagten Bars in Berlin, Frankfurt und München. Von Expeditionen ins Wattenmeer bis zum Watzmann. Von südlichem Bozner Flair bis zu nordischer Frische auf Rügen, Sylt und in St. Peter-Ording: Lernen Sie die *Vielfalt Deutschlands, Österreichs, der Schweiz und Italiens* mit den Lieblingsplätzen kennen.

Unsere Novitäten

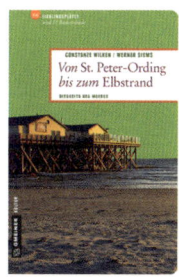
978-3-8392-1710-8

978-3-8392-1708-5

978-3-8392-1704-7

978-3-8392-1703-0

978-3-8392-1705-4

978-3-8392-1707-8

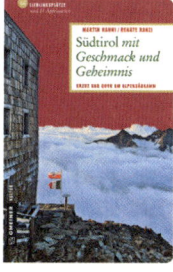
978-3-8392-1706-1

978-3-8392-1709-2

ANDREA REIDT
Viel Meer – Nordfriesische
Inseln und Halligen

978-3-8392-1554-8 (Paperback)
978-3-8392-4403-6 (pdf)
978-3-8392-4402-9 (epub)

»Mehr als eine Million Besucher
können sich nicht irren: Die nordfriesischen Inseln sollte man besucht haben.«

Wo taufte Thomas Mann eine Wanderdüne? Wo werden Strandbuden alljährlich im Sand verbuddelt, um im
nächsten Sommer wieder aufzutauchen? Wo findet der
Wattwanderer Spuren versunkener Siedlungen? Wo erzählen Grabsteine ganze Lebensgeschichten? Auf Sylt,
auf Amrum, auf Föhr, auf Pellworm. Lassen Sie sich
von Andrea Reidt zu ihren Lieblingsplätzen entführen – alle auf diesen vier Nordfriesischen Inseln und
den zehn Halligen. Und wer mehr erleben möchte, der
kann 11 Ausflüge unternehmen: nach Rømø etwa, auf
Vogelkiek oder ins Watt.

KULTUR

GMEINER

WWW.GMEINER-VERLAG.DE
Mensch, Kultur, Region